海权简史②

海权枢纽与大国兴衰

熊显华◎著

台海出版社

图书在版编目（CIP）数据

海权简史 . 2, 海权枢纽与大国兴衰 / 熊显华著 . --

北京：台海出版社, 2018.9

　　ISBN 978-7-5168-1944-9

　　Ⅰ . ①海… Ⅱ . ①熊… Ⅲ . ①制海权—军事史—世界

—通俗读物 Ⅳ . ① E815-49

　　中国版本图书馆 CIP 数据核字 (2018) 第 124995 号

海权简史 . 2，海权枢纽与大国兴衰

著　　者：熊显华

责任编辑：王　艳　　　　　　　装帧设计：张合涛

版式设计：石凯辉　　　　　　　责任印制：周莹莹

出版发行：台海出版社

地　　址：北京市东城区景山东街 20 号，邮政编码：100009

电　　话：010 - 84827588（发行，邮购）

传　　真：010 - 84045799（总编室）

网　　址：www.taimeng.org.cn/thcbs/default.htm

E-m a i l：thcbs@126.com

经　　销：全国各地新华书店

印　　刷：艺堂印刷（天津）有限公司

本书如有破损、缺页、装订错误，请与本社联系调换

开　　本：710mm×1000mm　1/16

字　　数：220 千字　　　　　　印　　张：18

版　　次：2018 年 9 月第 1 版　　印　　次：2018 年 9 月第 1 次印刷

书　　号：ISBN 978-7-5168-1944-9

定　　价：58.00 元

目　录

序 言

一些事注定要去完成

离完成关于海权与大国兴衰论述的作品《海权简史》已近两年，让我倍感欣慰的是该书一经出版上市就得到了读者的钟爱。

记不清有多少个无眠的夜晚了，我却记得在电脑上敲完最后一个字的时候，右下角的时间指向凌晨三点四十。这是一个值得记忆的时刻，我完成了一部了却多年遗憾的作品。

是的，它完成了。并且，因有了第一部随即就有了一个三部曲的构架，即海权、贸易、战争。在微信上，有很多读者问我这部书还有没有后续。我当时的回答是"有"。

著名军事理论家若米尼说："（这是）值得的永远记忆。"为了这重要的记忆，我知道一些事注定是要去完成的，特别是像我这样热衷写作的人。我把每一本书当作是我才情、阅历、思索的擢升，以至于现在想起那些于卷帙浩繁的资料中查找、整理、思索、创作的日子，只觉得它是一种幸福。

这不是在煽情，只是觉得自己在做一件有意义的事情。就像我去一些学校讲课的时候，看到很多学校阅览室、图书室里有《海权简史》，也听到同学们在讨论它（谁说现在的孩子不喜欢读书？），我为他们能轻松地读懂这部阐释千百年来海洋与人类文明、海权与大国兴衰的著作而欣喜。因为，著作的目的不在于束之高阁，它需要的是通俗易懂，能在阅读时产生某种意识深处的影响。

在下定决心写"海权三部曲"的时候，我就已经在着手进行这个系列的相关准备了。这里，借写序言的契机，对此三部曲做一简单介绍——

第一部《海权简史：海权与大国兴衰》是站在五千年海洋文明与人类简史的格局下，阐释海权与大国兴衰之间的紧密关系，通过对大国海权战略与地缘突围的匠心解析，改变被我们"固化"的陆权思维。正如孙中山所说："自世界大势变迁，国力之盛衰强弱，常在海而不在陆，其海上权力优胜者，其国力常占优胜。"从某种意义上说，得海权者得天下，无海权无以成大国。海权要义及意识的重要性不容国人忽视。

第二部《海权简史 2：海权枢纽与大国兴衰》，是从经济、贸易方面，并结合政治、文化、战略、港口、基地、数据、制度、形态等方面，进行多角度的阐释，为增强阅读感，行文中融入了诸多鲜为人知的、精彩的"故事"（包含正史、野史、传说），为读者提供一本可阅读的"盛宴"。

第三部则将视角放在中世纪到近现代的海洋战争上，重现昔日以海洋为主战场的波澜壮阔，从海权、战略、部署、气候、水文等多角度进行剖析、描述。

几千年来，大多数中国人在陆地待的时间太久了，对海洋及未知的远方充满了恐惧、神秘、向往……或许是因这样的情愫，在幽幽暗暗、反反复复中前进、退缩……甚至故步自封，但世界是向前的，就像在时间不可逆转的文明碰撞下，当我们以明智的意识形态去开放，以自强、合作、擢升的姿态去面对世界之风云变幻，我们的历史是否是另一番模样？

从全球贸易的角度来讲，当年的英国商人以为，如果中国能够"开放"，就肯定会从他们那里购买大量的商品。然而在晚清中国的制度、信念、意识、地理等因素的交错影响下，他们一次次"失望"而归。于是，借助武力迫使中国开放的伎俩终是提上了日程。于是，这种经过兜兜转转将海洋与陆地之间的距离打破的"交往"形式让东西方的格局产生了不可抗拒的变化。

在我看来，不同地区的碰撞、融合是一条重要的纽带，联结了不同的社会和整个世界。以19世纪之前为例，那时的东南亚人口分布在相对较长的时间里处于相当分散的状态。因此，这一区域的特征使得西方国家对东南亚的战争策略、政治体系、农耕方式、手工技艺……与中国和日本等东亚国家的差异极大。就贸易的特性来看，它们更多是朝贡贸易关系，其营利方式与欧洲国家的海外贸易经营有着较大的不同：前者趋向于"和平"；后者趋向于"暴力"，尤其在"文明"失去效用的时候。

中国朝贡贸易中的商品里，有在东南亚、欧洲市场上颇受欢迎的丝绸、瓷器、茶叶……在朝贡贸易的体制下，那些琳琅满目的商品显示天朝大国对化外之民的统治，后来也促进了规模更大的私人贸易网络，这些贸易网络后来对想要将贸易扩展到这一地区的欧洲人来说是至关重要的。然而，当时的中国似乎只热衷于"怀柔远人"，对海外贸易或者说全球贸易的意识远不及欧洲国家，而中国这个巨大的市场又能消受来自世界各国的商品贸易。于是，"矛盾"由此产生。

当中国的商人将优质的商品销售到欧洲市场的时候，那些欧洲国家如荷兰、英国，却为他们的商品销售发愁。贸易的逆差，本国政治、经济需求等诸多迹象表明，打通全球贸易市场迫在眉睫。

放眼当时的中国、东南亚，其传统的贸易形式及构架的贸易网对欧洲人来说是一个壁垒。随着时间的推移，荷兰人和英国人发现，如果不是通过西方的武力使世界贸易竞争的平台变得不平等，他们可能无法在竞争中取胜，以获得更大的贸易市场。当然，这不仅是针对亚洲，非洲、拉丁美洲等也未能幸免。

......

本书试图在海上贸易的构架下，对殖民拓展、海外资本经营的兴衰作一番简史论述，将世界范围内为发展经济而进行的殖民地拓展经营、海上贸易打造、资本运作等有着突出表现的主要国家分章、分节，又相互作用地进行解析，从而为当下或未来提供一个可供参考、借鉴、思索的蓝本。

因此，我在书中有了许多到现在仍历历在目的思考和探析——

为什么当时东西方贸易形态、经营理念会大相径庭？

东印度公司到底是怎样的一个公司，或者它根本就不只是一家公司？它为何在立下汗马功劳后，被卸磨杀驴？它真的消亡了吗？其后身又是什么？

维京人是如何征服世界、打造都柏林的？他们的血鹰法则、信仰之神，如雷神托尔、奥丁与贸易有何联系？北海大帝怎样力挽狂澜？诸神的黄昏后，又留下什么值得我们去思考的？

葡萄牙、荷兰、英国……是怎样拓展、经营非洲、美洲、东南亚的？

奇怪的"非洲"模式，非洲人为什么不热衷于黄金、象牙？他们为何有着丰富的资源却不能构架起实力雄厚的贸易帝国？

港口贸易、殖民拓展、资本运作，这三者有何内在联系？朝贡贸易与西方贸易冲突下的贸易为我们留下了什么样的经验？

荷兰、英国、葡萄牙如何利用对海上航线的掌控进行资本运作？红木贸易、棕榈油贸易、禽兽贸易、走私贸易……它们是如何进行的？

海盗从何而来，与王室有关？他们是如何赚取财富的，其财富积累方式为何能获得成功？

罐头、海图、蒸汽机的使用是如何改变海上贸易世界的？

十三行的特许经营失败于欧洲，还是制度作梗？南海经济泡沫背后的真相是什么？

香料贸易、砂糖贸易、茶叶贸易，它们如何改变了世界？

……

限于序言篇幅，更多的思考和探析尽在书中，而它们都成为本书的重要内容。

需要说明的是：因水平有限，书中尚有不足之处，还望读者多以包容的心态去看待，欢迎指正、批评，我将不胜感激！

最后，感谢出版方，感谢该书的策划编辑以及为此书做出辛勤工作的同仁们！他们的出版初衷和我的欣然一致。而"海权三部曲"的最后一部也将为该系列做一个了结。

熊显华

第一章

资本诱惑：东印度公司见证资本兴衰

东印度公司，作为追求海外经济利益的团体，实际上就是那个时代的一个缩影。它如同当年那些开辟航线的冒险家、海盗一样，具备大无畏的开拓、占领、征服的特质。它争夺原料产地，征服海外殖民地，地缘辽阔、物产丰富的国家陆续成为它的殖民地或势力范围。

并不可敬的东印度公司

东印度公司的前世今生

一个问题早已摆在我们面前：东印度公司是一家贸易公司吗？

又一个问题也早已摆在我们面前：可敬的东印度公司"可敬"吗？

答案是"No"。

这里我们做一番阐释，东印度公司不是一家公司，我们把进行东印度贸易的集团或公司通称为"东印度公司"，而东印度公司的正式名称应该叫作"从事和东印度之间贸易的伦敦商人们的代表的集团"。

它有多国参与，并具备国家职能。

看来，东印度公司不仅是贸易公司，还拥有很多特权以及特殊的使命。

……

为了弄清这里面的诸多秘密，我们得从一个女王的决定说起。

1600 年 12 月 31 日，那个为英国缔造了"黄金时代"的女王伊丽莎白一世做出了一个让 125 人雀跃的决定：给予一家特殊的公司以皇家特许状。早在 1215 年，英国颁布的《大宪章》里就规定："任何自由人，如未经其同级贵族之依法裁判，或经国法判决，皆不得被逮捕、监禁、没收财产、剥夺法律保护权、流放或加以任何其他损害。"

这家获得了印度特权的公司就是东印度公司，它有一个极具讽刺意味的全称——"The Honourable East India Company"（可敬的东印度公司），从其他国家尤其是印度的角度来看，它一点也不可敬，简直是臭名昭著。当然，对英国而言，它有着无比巨大的利益收获。所以，它还有另外大气的名称，比如"不列颠东印度公司"或"英国东印度公司"。

印度比较倒霉，它被一群有创业心和有影响力的商人所组成的公司盯上了，伊丽莎白一世特许这家公司在这里拥有 15 年的贸易垄断权。并且，随着时间的变迁，实力也越来越强，一个商业贸易企业摇身一变，成为印度的实际主宰者。

1858 年，公司被解除行政权力，但它又拥有了新的职能，比如协助统治方面；比如军事方面，那些被公司严格训练出来的雇佣军，表面上是为印度封建王公所掌控，但这些封建王公实在太弱了，不得不在东印度公司的"保护"下维护其统治。雇佣军的指挥官是欧洲人，给予特权的是伊丽莎白一世女王，那当然就是为英国人服务了。

这支雇佣军装备精良，训练有素。为了说明这支军队的骁勇，我们来看一组数据对比，在 1757 年，英国东印度公司率领 3000 名雇佣军，竟然击溃由 2 万骑兵、5 万步兵组成的印度军队。古老的莫卧儿帝国，就这样被一家公司征服了，过程充满了血腥。1799 年，迈索尔被攻陷的时候，价值 1500 万英镑的王室珍宝全部被洗劫一空，整个城市哀号不断。

世界上恐怕再也没有像这家公司一样拥有超一本万利的荣耀了，当初这 125 个持股人，仅用 7.2 万英镑的资金就成立了公司。随后，逐步占领了印度的马德拉斯、加尔各答和孟买。英国人有着丰富的征服策略，他们先在这里设立三个管区，又各设一名省督管辖。实际上，建立根据地的目的是为了进一步侵占印度其他的地区。

当这些计划成功实现后，他们强迫印度农民种植鸦片，再走私运到其他国家销售，从中牟取暴利。当时，鸦片的收入约占公司总收入的七分之一。到了 18 世纪，鸦片贸易的需求大增，于是在 1773 年，东印度公司在孟加拉取得了鸦片贸易的独占权。

开始的时候，东印度公司的船只被禁止运送鸦片到中国。不过，英国人很聪明，他们先在孟加拉地区生产鸦片，然后在加尔各答出售，最后再从那里运到中国。尽管当时的清朝政府采取禁止鸦片入境的政策，又在 1799 年重申禁烟，但从孟加拉透过贸易商和中介走私到中国广州等地的鸦片，平均每年高达 900 吨。

据徐中约的《中国近代史》记载，一箱孟加拉公班土鸦片的价格约为 560—2015 洋银（鸦片战争爆发后有所下降），以每年 900 吨的量去计算，这中间产生的贸易额实在吓人。由于鸦片（不仅是孟加拉出产的鸦片广受欢迎，还有麻洼、土耳其等产地的鸦片也倍受青睐）的输入，中英贸易间形成了庞大的逆差，即使中国输出质量上乘的茶叶、丝绸和瓷器，仍未能阻止白银大量外流。

太可怕了！比血腥战争更严峻的是经济侵略。

以 1838 年为例，鸦片输入中国的数量高达 1400 吨。为解决这个严峻的问题，清政府不得不对走私者处以死刑，同时派出钦差大臣林则徐监督禁烟。随着大力禁烟与日后在沿海展开的销烟，特别是 1839 年在广东海滩进行的虎门销烟（毁鸦片 19187 箱和 2119 袋，总重量 2376254 斤），清政府的行为极大地刺激了英国政府的神经，继而引发了 1840 年的鸦片战争。战争后，清朝的自然经济解体也是"情理之中"了。

然而，英国政府并不认为这是纯粹的"军事行为"，英国人认为这只是一场"通商战争"。我们不难看出，当掠夺的海外资源转化为商品后，就急需要更大的市场空间。英国自 18 世纪 60 年代开始工业革命，特别是到了 19 世纪三四十年代，大机器工业逐渐代替了工场手工业，蓬勃发展的工业导致其产量急剧上升，不断增加的商品迫切需要更多的销路。在巨大的经济利益驱使下，资产阶级们奔走于全球各地，努力寻找新的资源及产品生存空间。

东印度公司，作为追求海外经济利益的团体，实际上就是那个时代的一个缩影。它如同当年那些开辟航线的冒险家、海盗一样，具备超凡的开拓、占领、征服的特质。它争夺原料产地，征服海外殖民地，地缘辽阔、物产丰富的国家陆续成为它的殖民地或势力范围。

那，可敬的东印度公司可敬吗？一点儿也不，对被殖民国而言，简直就是灾难。

东印度公司并非英国专有

15 世纪末到 16 世纪初的地理大发现与新航线的开辟，使得世界资本主义不断扩展。在这样的局势下，有一个不容忽视的细节需要注意：美洲、非洲的白银、黄金在欧洲的大量流通，引起了通货膨胀和物价上涨的价格革命。

这里重点说一下价格革命。其最大的恶果就是打乱了西欧各国传统的经济关系，导致从事商业的那帮人大发横财，赚得盆满钵满。于是，重商主义开始大肆横行。这期间，英国的商业发展最为迅速。面对走在大洋洲际贸易和殖民扩张道路前面的葡萄牙、西班牙、荷兰等国，英国也不甘示弱，开始以更为强劲的势头参与到这场远东乃至世界贸易主导权和殖民地的角逐中来。

受影视剧影响，很多人以为东印度公司是英国的殖民工具。比如大名鼎鼎的《加勒比海盗》里，四处追逐杰克船长的卡特勒·贝克特勋爵，就是英国东印度公司董事长。

然而，最早开辟欧印航线的是葡萄牙人，英国只是个后来者。

当瓦斯科·达·伽马带领的船队从里斯本出发，寻找通向印度的海上航路时，那颗狂热的心从此无法安宁。船队经加那利群岛，绕过好望角，经莫桑比克等地，于1498年5月20日到达印度西南部卡利卡特。那天的深夜，他们终于将巨大的铁锚抛进了印度西海岸的卡利卡特的港湾中。

1497年7月8日，受葡萄牙国王曼努埃尔派遣，这位被冠以"骄横跋扈，狂暴凶残"的航海家瓦斯科·达·伽马不辱使命，返航前与印度统治者签订了贸易协定。

1502年2月，达·伽马再度率领船队进行印度探险，这次的目的很明确，就是要建立葡萄牙在印度洋上的海上霸权地位。1503年10月，船队满载着从印度西南海岸掠夺来的大量香料、丝绸、宝石等回到了里斯本。据说，这次航行掠夺而来的东方珍品，其纯利竟超过航行总费用的60倍。

达·伽马的通航印度，促进了欧亚贸易的发展。因为在1869年苏伊士运河通航前，欧洲对印度洋沿岸各国和中国的贸易，主要通过这条航路。

具体来说，在第二代葡属印度殖民地总督阿方索·德·阿尔布克尔克去世的 1515 年以前，整个印度洋海域，即从里斯本到莫桑比克，再到卡利卡特，直至果阿、马六甲，全部被葡萄牙王国掌控了。

这里顺便多述一下，阿方索·德·阿尔布克尔克的作用不逊于达·伽马，他征服了果阿和马六甲，随后采取控制东方航路、建筑要塞、安置移民等措施，为葡萄牙王国在东方的霸权奠定了基础。因此，他被誉为"东方的恺撒""葡萄牙战神"。葡萄牙凭借对这些航线的掌控，摧毁了中东商人在印度的势力，并在首都里斯本设立"印度馆"的政府机构。

葡萄牙人赚翻了。以胡椒为例，当运送胡椒的船只刚进入港口，船上的货物很快就被商人们哄抢一空，然后纳入到"印度馆"。入仓的胡椒价格当时为 16 杜卡特，这其中包括 4 杜卡特的运费。当进行出售的时候，价格飙涨到 32 杜卡特，就是说涨了 2 倍。我们以出售 1 公担（相当于 100 斤）的胡椒计算，王室规定每出售 1 公担，上交 16 杜卡特。可想而知，葡萄牙商人的利润有多少。

如此暴涨的胡椒价格，以及巨大的商业利润，激起了英国、荷兰这些新兴国家的商人们探索印度的欲望。只是，这条印度洋与亚洲海域航线被葡萄牙掌控，很难插足了！

远东的争夺

英国、荷兰何去何从？我们有必要提一下那个厉害的冒险家弗朗西斯·德雷克，他在 1577 年和 1580 年穿越麦哲伦海峡，又横渡太平洋、印度洋。另外，卡文迪什（于 1588 年返航）、约翰·霍金斯也成功进入亚洲海域，只是他们采取的是向西行驶，南下大西洋再进入太平洋的航线，并在前行中主要采取打劫与探险并用的冒险策略。因此，他们并未"完整"地进入印度洋。唯有詹姆斯·兰开斯特的船队，绕过非洲大陆南端进入到了印度洋。

通过这几次的航行发现，葡萄牙人远非东方主人，他们树敌较多，要防守极长的商船航线和广为分散的据点。再加上，西班牙和葡萄牙对航道的封锁，使得荷兰人和英国人无法获得东方产品。于是，他们决定到东印度群岛去取。

为了说明这一点，我们来看 16 世纪前期英国的对外贸易状况。当时主要的贸易发生在伦敦与安特卫普之间，这种看似繁荣的贸易情境，实际上存在较为严重的弊端。

以 16 世纪 50 年代英国引以为荣的商品呢绒为例，当时在安特卫普出现了供过于求的现象，1552 年从伦敦出口的呢绒由 13.3 万匹一下子降到 8.5 万匹，直接导致政府的关税收入减少了 40%。更严峻的是，1566 年爆发的尼德兰革命，使得安特卫普贸易也受到严重影响。同时，英国和西班牙之间的政治和宗教矛盾进一步恶化。两年后，英国的海盗抢劫了到英国港口避难的西班牙船只，并将船上的财宝一劫而空。

英国人惹麻烦了，因为尼德兰的掌权者阿尔发公爵是一个不好惹的人物，此人能征善战，残暴凶狠。

于是，西班牙方面勃然大怒，国王腓力二世认为英国公然侵犯其国家利益,腓力二世令尼德兰总督阿尔发公爵立刻逮捕英国商人,没收其财产,并宣布禁止英国商人到尼德兰进行贸易。

面对西班牙的纯粹报复行为，英国方面倍感压力。海盗抢劫宝船事

▲伦敦的英国东印度公司总部：17、18世纪时，英国靠着东印度公司在世界上开疆拓土，吃掉印度，与中国展开贸易

件，使得伦敦到安特卫普的贸易就此中断，英国遭受重大损失。这里面的原因其实不复杂，因为16世纪末和17世纪，以殖民地贸易为基础的外贸公司拥有极高的利润。只是，由远洋海外贸易带来的商业活动往往具有很大的风险，这些风险要么是自然的，要么是殖民地自身的。如果说那些冒险家、航海家有的是个人行为，更多的还是需要政府的参与和相助。因此，若能从政府那里获得贸易特权以及组建规模庞大的远洋舰队，则是上上之选。

在巨大利润的强烈驱使下，有卓越远见者想到将股份公司这种形式引入到外贸公司中。这样的创新，很好地解决了西班牙的封锁，以及资金匮乏的问题。更进一步来讲，海外贸易距离急剧增加，主要面临的问题表现在以下三个方面：

第一，航线的开辟与推进，使得贸易的时间跨度变长。

第二，远航贸易资本额加剧增长。

第三，海外市场面临巨大风险，比如海上霸主的封锁。

葡萄牙和西班牙在16、17世纪先后占领澳门和台湾等地，并在与中国的贸易中获得巨大利益。荷兰后来居上，积极扩张海外贸易，逐渐确立了海运优势和商业霸权。而英国与明朝的贸易始终进展缓慢，困难重重。

这些看似不利的条件，却成为英国人变革的动力。他们不得不改变原有的经营方式，由单个商人经营为主到资本联合经营，其间的变革彰显了英国人的无畏、冒险和变革精神。于是，具有独立法人特质的新兴企业组织形式在英国诞生了。

商业股份公司就是这时先进的产物，它符合当时的时代发展需求，在不断扩大的海外市场中迅猛发展。1555年，英国成立的第一个商业股份公司"俄罗斯公司"，它的成立让英国人看到了更高的希望值。

1553年，英国国王爱德华六世决定派遣由威洛比爵士和理查德·钱塞勒组成的远征军打通一条东方的航线。然而，进行航线探索的船队一开始就进行得很不顺利，三艘船被大风吹散，随后其中的两艘船在挪威北海触礁，包括威洛比爵士在内的所有船员均被冻死。好在剩下的一艘船在

▲位于印度的英国东印度公司造船厂

理查德·钱塞勒的带领下，经受住了严寒与暴风雪的考验，他们沿着挪威和拉普兰北面航行，经过斯堪的纳维亚北端抵达了俄国的北德维纳河河口。

不得不说，理查德·钱塞勒是幸运的，俄国沙皇伊凡四世接见了他，并意外地准予英国船舶到俄罗斯北方港口经商。于是，在 1555 年英国成立了专门从事对俄贸易的"俄罗斯公司"。之后，陆续有新的商业股份公司效仿成立，英国的对外贸易持续扩大。然而，这样的另寻"路径"是否就能从此一帆风顺，有待观望。

只是，英国人铁定是要将贸易、殖民进行下去的，因为在那些遥远的、广袤的、丰饶的地域有着不可抗拒的财富诱惑力。

1600 年，正如开篇所述，伦敦城里集聚了一群野心勃勃、干劲十足的商人，他们成立了"伦敦商人对东印度贸易的公司"，其盈利收入按入股多少进行分配。

对不同的海外殖民商业公司而言，它们有着不同的经营范围。这实际上是海外殖民拓展与势力掌握等因素导致。像东地公司就是英国同波罗的海贸易的公司，利凡特公司则是同地中海东部贸易的公司，皇家非洲公司专门从事非洲奴隶贸易，臭名远扬。由于印度能提供丰富的原料、劳动力等，为了能与之实现直接贸易，就成立了英国东印度公司。

英国东印度公司成立后，在女王的特许状中有一条特别引人注目，赐予公司独占好望角到麦哲伦海峡之间的贸易特权 15 年。具体贸易特权有以下三项：

一、公司拥有从好望角以东到麦哲伦海峡整个东方地区的贸易专利。这就意味着在专利期可以通过政府行为"禁止其他团体从事属于公司授权范围内的贸易活动"。但，这也不是不可以商榷，这一点从专利的另一内容"准许它们在任何时候申请得到从事该项贸易的许可证"中能看出。若不在该专利的许可范围内，则将那些冒犯者经营的货物没收，其中一半上交国库，另一半归公司所有。

二、允许公司每次航行可以输出约 3 万英镑的金银，前四次航行中所有的英国商品都免于征税，在特许状终止之前，在公司商船上所有复出口的印度商品也享有同样的特权。

三、特许状有效期为 15 年，但是，如果发现它不能给国家带来好处，可以下令自颁布命令起两年之后的任何时间内取消，如果发现它对国家有利，同时公司也提出要求，可以再延长 15 年。

这三条内容可以说极大地提升了英国人的热忱与欲望，与之相对应，那些遭受英国殖民和奴役的国家就要遭殃了。

▲英国东印度公司澳门分公司

1609 年，鉴于东印度公司的蓬勃发展，詹姆斯一世竟然颁发给公司永久的独占特许权。不过，由于在 1603 年伊丽莎白时代结束，随后是斯图亚特王朝掌政，这时候的势力主要由封建贵族中的保守势力把持。因此，东印度公司的独占垄断权时常遭到破坏。甚至，在 1604、1617、1635 这三年斯图亚特王朝取消了东印度公司的特许证。这时候，东印度公司不得不通过改组的形式以求发展。

1650 年，公司并入科尔会社，1665 年又并入冒险商人公司。最严峻的时候在 1689 年，威廉三世政府将特许状颁发给另一家"英国对东印度贸易公司"，这样一来，就形成了两家公司可以同时对东印度进行特许贸易。

随着资产阶级和新贵族力量的增强，新兴的资产阶级在政府中的话语权也随之提升，为了能获取更大的财富，公司的严峻环境得到缓解。1657 年，"护国主"克伦威尔给予东印度公司特许状，目的在于确认公司的"地位""合法性"都能得到保证，之后的 1661 年和 1693 年，公司又两次从王室获得特许状。1709 年，英国政府决定进行干预，将两家东印度公司合并，将东印度的贸易特权统一划归到"英国商人对东印度贸易联合公司"中。随着对中国贸易特权的拥有得到英国议会的同意，并受到英国法律的认可，公司内部的博弈才算是结束了，这一年是 1834 年。

因此，按照马克思的观点，"东印度公司真正的创始不能说早于 1702 年，因为在这一年，争夺东印度贸易

▲ "护国主"奥利弗·克伦威尔

垄断权的各个公司才合并成一个独此一家的公司。在 1702 年以前，原有的东印度公司的生存曾经一再陷入危殆。威廉三世执政时期，它又因各种原因中断或解散。但是，正是这位荷兰亲王统治时期——那时，辉格党人成了不列颠帝国的包税者，英格兰银行创办了，保护关税制度在英国确立了，欧洲的局势最后稳定了——仅仅是在这个时候，东印度公司的存在才由议会承认。"

换句话说，英国东印度公司在经济上是商业股份制公司，在政治上却是侵略征服的殖民扩张机构。所谓的政府授权、舆论支持，不过是为它的霸权行径披上一个"合法"的外衣罢了。

荷兰东印度公司

虽然荷兰起步的时间比英国稍晚，但取得的成果却让人刮目相看。1596 年 6 月，由浩特曼带领的团队到达了爪哇岛，他们满载着胡椒等货物而归。1599 年 7 月，由范·涅克指挥的船队在收获到大量的胡椒后也顺利返航，船队带回来的胡椒的利润竟高达 400%。如此巨大的商业利润，狠狠地刺激了荷兰商人。于是，创建东印度公司的历史氛围就随之诞生了。

荷兰，这个"海上马车夫"的国家在短短的七年（1595—1602）时间里，在亚洲国家陆续成立了 14 家贸易公司。可惜，这些公司不团结，相互竞争，比如单独派遣船只去印度洋收购胡椒、香料，致使这些货物的价格暴涨，而在本国的贩卖价格却在下降。

面对这样的窘状，若不加以调控，除了公司倒闭外，更可怕的后果是荷兰辛苦建立起来的东印度贸易航线将由此终结。因为，外部大环境十分严峻，既有葡萄牙的航线封锁和竞争，也有像英国这样的国家登上竞争舞台。

这时候，一个叫约翰·范·奥尔登巴内费尔特的人出面了。作为尼德兰联省共和国的首相，也是杰出的政治家，他看到了恶性竞争的苦果就是商业上的自取灭亡。在他的斡旋下，荷兰于 1602 年 3 月成立了联合东印度公司。与英国的东印度公司相比，它的资本超过了英国的 10 倍以上，即以约 650 万盾的资本注入，建立历史上第一家股份制公司。此后，直到1799 年，联合东印度公司持续经营的时间大约有 200 年。

为什么荷兰的联合东印度公司能经营如此之久？这主要得利于一些较为先进的制度。公司规定，出资时间以 10 年为一期，在出资期间不得擅自撤资退出。新的投资者与原投资者若需要进行资产清算必须在 10 年后。因此，在要么退出、要么新投资者加入的进程中，就可以让公司实现长久而稳定的经营。

▲ 荷兰东印度商船 Ostrust

另外，荷兰政府在东印度地区设置了分公司和商馆，派遣相关工作人员常驻当地。这样一来，就可以随时了解当地货物的价格变化，在价格较低时将购买的胡椒、香料等储存到仓库里，当本国的货船抵达港口时，一箱箱低价购得的货物就装船了，随后运到欧洲。

荷兰东印度公司的先进制

度，我们可以看成是早期的有限责任制。持股者只需要以出资的形式加入公司，并发挥力量。就是说，这当中会尽可能地避免个人情感因素导致的不良后果。很多时候，家族企业很容易陷入四分五裂或者分道扬镳的境地，荷兰东印度公司的这一先进制度却可以较为有效地起到规避作用。因此，它成为欧洲诸国建立股份制公司时的参考典范。至少，那一时期的欧洲、亚洲还没有出现能与之匹敌的公司。

这样优越的组织结构使得荷兰人在 17 世纪的 100 年内成为实力雄厚的"海上马车夫"，打败了以中东商人为代表的亚洲商人、先入为主的葡萄牙商人，还有起步较晚的英国商人。于是，大量的财富源源不断地涌入荷兰。荷兰由此进入了"黄金世纪"！

根据瑞典学者克里斯托夫·格拉曼的观点，他认为欧洲向印度出口的主要产品为金银与货币等。相对于此，主要的进口产品为胡椒、香料（丁香、肉豆蔻）、绢丝布、棉织物、砂糖，日本产的铜、咖啡和茶。

这里，对胡椒、香料进行说明。联合东印度公司成立后的 50 年时间里，胡椒、香料的进口量占据了其商品的大部分，以进口金额计算，这两种商品为当时进口总额的 70%—75%。因此，荷兰东印度公司可以看作是以从事胡椒、香料贸易为代表的公司，它们成为其贸易中的主要利润来源。

大航海时代的欧洲人之所以热衷于亚洲地区，有一个很大的原因在于这里拥有极为珍贵的丁香和肉豆蔻。因此，比起在茫茫大海遭遇凶险无比的厄运，欧洲人在很长一段时间里宁愿将探险的终点站定在像马鲁古群岛、班达群岛这样富饶的地方。托梅·皮雷斯作为第一代（1517 年）驻中国的葡萄牙大使曾写道："神……为豆蔻花创造了班达群岛，又为丁香孕育了马鲁古群岛。"这实在是很高的赞誉了。

17 世纪的荷兰，香料（如丁香、肉豆蔻）作为主要进口商品，在欧洲大受欢迎，甚至还超过了胡椒。印度尼西亚东部的马鲁古群岛中的五座岛屿是生产丁香的绝佳之地，并且是当时世界上唯一能产丁香的地方。这五座岛屿分别是：德那地岛、蒂多雷岛、马基安岛、莫蒂岛、巴占岛。肉豆蔻的主要产地则在马鲁古群岛以南偏东的班达群岛，世界上的其他地方则极少能出产。另，锡兰岛盛产的肉桂也是非常珍贵的。

荷兰东印度公司在这些地方感受到了从未有过的巨大商机，遂决定将这些稀有的、极为珍贵的香料占为己有，再高额地贩卖到欧洲各地。

以香料、胡椒为主要贸易内容成为公司的主要经营手段。根据 1681 年英国东印度公司乔西亚·查尔德爵士的记载，胡椒的出售价格为每磅 8 便士，肉豆蔻、肉桂等香料约为每磅 6 先令（1 先令 =12 便士）到 15 先令，这是在伦敦时的批发价，但据此我们可以大致推断出香料的价格约为胡椒的 10 倍。

荷兰东印度公司的目的很明确，就是要做垄断经营。因为，这些商品都是大众所需。为了供应充足的独霸欧洲的胡椒、香料，公司投入了巨大的人力和物力。他们在印度尼西亚展开了疯狂的扩张。

1605 年，荷兰从葡萄牙手中夺取了安汶岛的要塞；1611 年，在爪哇岛的雅加达建立商馆；后将雅加达改名为巴达维亚，由简·皮特斯佐恩·科恩担任事务总长，总管这里的事务，推行印度尼西亚的胡椒、香料专营政策。

荷兰在印度尼西亚实行高压的专营统治政策，使英国为首的东印度公司极为不满，这样巨大的"美羹"岂容独享？了解到毛织品在欧洲滞销的情况后，公司从创立初期就有了一个进击目标，向爪哇岛扩张。很快，就有了成果，英国人于 1616 年登上了普洛伦岛。该岛是班达群岛中的一座，也盛产香料。

敏锐的荷兰人采取了新的行动！

荷兰政府向荷兰东印度公司发出指示，要求其停止一切在亚洲针对英国的敌对行为，同时签署了合并两家东印度公司的协约。原来，荷兰联邦议会与英国东印度公司在欧洲本土缔结了协约。协约规定，双方不进行价格战争，在胡椒等产品的收购业务上采取共同作业的形式；双方可以派遣各自的商船前往亚洲各地展开商业活动；在胡椒、香料的收购量上以荷兰、英国 2 ∶ 1 的比例分配。

然而，这样的协约并不适合海外的具体环境。因为，在欧洲方面，1609 年荷兰政府与西班牙、葡萄牙的休战协议快到期了，也就是说他国参与进来的可能性极大，这会让荷兰与英国东印度的公司的协议操作起来变得复杂。并且，在大的国际政治环境下，因受到 1618 年爆发的三十年战争的影响，荷兰面临的国际环境不容乐观，虽然这场长时间的战争，让荷兰成为新的海上霸主，但是荷兰在战争期间没有余力去对付英国。因此，荷兰与英国签订的这个协约是无奈之举。

任何在被迫基础上缔结的协约终不长久，且矛盾重重。对于荷兰联邦议会的做法，总督简·皮特斯佐恩·科恩表示强烈不满，于是，他决定不遵守协议，并于 1621 年将舰队开往班达群岛，武力驱逐了普洛伦岛上的英国人。

在面对东方贸易所诞生的巨额利润时，简·皮特斯佐恩·科恩独断独行，他认为想要获得最高的利益，就必须毫不留情地铲除所有阻碍。不过这样一来，荷兰东印度公司面临的困境就复杂得多了，一方面要对抗英国的势力；另一方面还要将在这些海域中的马来西亚商人、中国商人、科罗曼德尔商人、爪哇商人等排除出局。

对此，简·皮特斯佐恩·科恩采取了三点措施：

一、对殖民地的原住居民以高压武力的方式进行统治。

二、将舰队开往班达群岛、安汶岛、马鲁古岛，强迫当地君主签订垄断贸易合约。

三、制造英国欲武装暴乱的假象。

第三点，可以看作是安汶岛事件（1623 年）。根据之前签订的协约，英国人可以在安汶岛（位于马鲁古群岛与班达群岛之间，盛产珍贵的香料）建立一座小型商馆。一天，一个受雇于荷兰人的日本人七藏与荷兰哨兵交谈，内容不得而知。敏锐的荷兰人抓住了这次机会。很快，七藏就被抓了起来，一番拷打后罪名就产生了：英国人蓄意武力暴乱夺取荷兰要塞。

1623 年 2 月 11 日的夜晚注定不平静，在逮捕七藏后，英国东印度公司的总长加百列·塔尔松等 10 名英国人、9 名日本人、1 名葡萄牙人接连被捕。随后，荷兰当局将其杀害，并摧毁了英国在岛上的殖民地。

通过这样的措施，效果是明显的。荷兰成功地完全掌控了丁香、肉豆蔻等珍贵香料的收购、外销，但也为日后英荷战争埋下了诱因。

英国人的愤慨可想而知了，1619 年缔结的协约也因安汶岛事件彻底废止。然而，荷兰并未就此收敛，对殖民地实行更加严厉的措施，如残忍的刑法威慑、严苛的迁徙耕种。这样做的目的十分明确，就是要进一步加强对香料群岛的控制，彻底垄断世界香料贸易。

受到损失的英国人在短时间里还无法给出有力的回击，他们退到新加坡以外的地区。1623 年 5 月，英国关闭了平户商馆，撤出日本，随后又撤出了马六甲北部的苏丹地区和泰国地区。应该说，安汶岛事件对英国东印度公司的打击是沉重的，纵观其在东南亚的势力范围，只能算勉强占据了位于爪哇岛西端的万丹地区。万丹曾在 16 世纪下半叶获得巨大发展，其万丹港为东南亚的重要贸易港口。

然而，万丹终是落入荷兰的掌控。1752 年，荷兰迫使苏丹阿尔耶·阿迪·山蒂卡签订屈辱条约，万丹沦为联合东印度公司的属国。

到 1627 年，印度尼西亚已经不存在能阻碍荷兰发展的任何势力了。不得不说，简·皮特斯佐恩·科恩是一个非常厉害的角色。荷兰通过一系列强硬的、带有阴谋色彩的策略成功地排挤了英国的势力。葡萄牙的失势以及荷属殖民地的人民因恐惧高压统治政策而放弃抵抗也是荷兰独霸经营成功的因素。

1630 年，荷兰东印度公司建立起了以香料为主要贸易内容的垄断体制。上天或许是眷顾荷兰的，因为接替简·皮特斯佐恩·科恩的安东尼·范·迪门总督也是一个厉害的人物，是巩固荷兰在远东殖民力量的奠基者。在他的带领下，荷兰迎来了全盛时期，成为东印度地区一支重要的政治和商业力量。

1614 年，荷兰占领了马六甲，给予葡萄牙致命的打击。1645 年，安东尼·范·迪门去世时，荷兰商业帝国已经十分稳固，完全建立起以雅加达为大本营的独霸地位，特别是班达群岛的肉豆蔻、安汶岛和马鲁古群岛的丁香经营，非荷兰莫属。此外，荷兰采取将殖民地人民全部贬为奴隶的策略，迫使他们砍伐掉树木，种植荷兰所需的产品，当这些岛屿的人民陷入粮食危机时，只能购买荷兰大米。

这一时期的日本由于闭关锁国，也给荷兰带来了发展机遇，荷兰顺利地在亚洲各商馆中获得最多利益，使得荷兰本土经济得到很好的发展与繁荣。再加上荷兰的造船业十分发达，就首都阿姆斯特丹而言，造船厂就有几十家。并且，需要建造商船时，全国可以做到同时开工，而造价比技术

▲ 1629 年在澳洲西海岸搁浅的荷兰东印度公司船"巴达维亚"号

先进的英国要低 30%—50%。于是，荷兰很快发展为欧洲的造船中心。

那时候，由于诸多航线已经开辟，世界各国间的贸易主要依靠海上交通，拥有 1.6 万余艘船只的荷兰商队所占总吨位为欧洲的四分之三，被称作"海上马车夫"当属名副其实。

"黄金世纪"和"粉饰世纪"

17 世纪，是荷兰的鼎盛时代。然而，英国历史学家 C·R·博克塞将荷兰 17 世纪和 18 世纪分别归纳为"黄金世纪"和"粉饰世纪"。从这一观点可以看出，荷兰 18 世纪就在走下坡路，甚至是危机重重了。那么，到底发生了什么使得荷兰如此江河日下？

我们来看荷兰东印度公司总督在 1750 年 11 月写下的一段文字，或许可以看出端倪。他说："长达三年之久的爪哇岛叛乱令这座巨岛处处战火蔓延，甚至连它的邻岛也被殃及。"

自荷属东印度公司成功进入爪哇后，他们惊喜地发现这里不但土地肥沃，且十分富饶。呈狭长形的爪哇岛是具有"千岛之国"之誉的印度尼西亚最主要的岛屿，那里盛产稻谷、玉米、橡胶、甘蔗、椰子，以及奎宁、油棕、可可、各种香料等热带作物。敏锐的荷兰人嗅到巨大的财富气味，迅速建立若干贸易港口，并在雅加达市设立总部。

1602 年，联合东印度公司获得了东起好望角、西至麦哲伦海峡域内的贸易垄断权。这家公司还拥有在这些区域内招募军队、建筑炮台、发行货币、任免官吏，以及向外国宣战和缔结条约的特权，对东南亚的侵略与掠夺似乎就这样"顺理成章"了。当时，安汶岛和班达岛的居民暗中将豆蔻等卖给其他国家的商人，因他们不满意联合东印度公司压低香料收购价格的做法。这事很快就被荷兰殖民者知道了，荷兰人残忍地屠杀班达岛上的 1.5 万居民，安汶岛居民也好不到哪里去，人口从 15 万锐减至 5 万人。

雅加达巴被荷兰控制后，联合东印度公司以此作为侵占整个爪哇岛和其他岛屿的中心据点。很快，爪哇岛上的马打兰王国、万丹王国等土著政权先后沦为荷兰的殖民地或被保护国。荷兰人不仅在这里掠夺资源，强迫种植，还大搞肮脏的奴隶贸易，甚至到中国东南沿海劫掳居民为奴。愤怒的爪哇人民不得不反抗，先后多次发生起义，如望加锡反荷斗争（1666—1669）、特鲁诺佐约反荷起义（1676—1679）等等。

1811 年，英国军队占领爪哇，五年后将爪哇归还荷兰，然而，这时候的荷兰已非"黄金世纪"时的模样了：在爪哇各港口的商船中，以英、美两国居多，荷兰商船"寥寥无几"；荷兰国内工业基础匮乏，根本无力同工业发达的英美等国竞争；刚摆脱拿破仑的控制，荷兰国库实在无力撑起国家的正常运转。

为了能迅速地摆脱这些困境，荷兰政府迫切地希望能从海外殖民地中获得大量的财富。于是，当局者采取了诸多措施：

其一，名目繁多的苛捐杂税，并到处设关立卡进行征收。

其二，严格限制封建王公的权力，蚕食其领地。

其三，禁止封建主把土地租给外国种植园主，预收租金必须退还。

这三项措施严重地侵害了封建主们的利益，引起他们极大的不满。1825 年 7 月 20 日晚，殖民当局不顾印度尼西亚爪哇岛日惹苏丹之子蒂博尼哥罗的反对，用大炮把其领地上的坟墓轰平开路。对信仰的肆意践踏，使得蒂博尼哥罗尤为愤怒，在逃往斯拉朗后，立刻号召人民对殖民者进行圣战。很快，就有近 6 万人响应。起义军以斯拉朗为中心开展游击战，采取围点打援的战术与殖民军周旋。

同年 10 月，蒂博尼哥罗成立王国，自立为苏丹。起义的战火很快波及西起万由马士，东至茉莉芬，北从爪哇海岸，南到印度洋岸。荷兰政府为了改变在印尼的被动局面，撤换了驻印尼总督。1830 年 3 月，荷兰殖民者以谈判为名，骗捕了蒂博尼哥罗。

起义虽然失败了，但给荷兰带来了重大损失。殖民军伤亡 1.5 万人，耗费约 2000 万荷盾，更加加深了荷兰殖民统治的危机。

由上所述，可以看出荷兰的这种殖民策略显然是错误的。它不但触犯了封建王公的根本利益，也践踏了殖民地人民的生存尊严。

荷兰不但对殖民地人民实施残暴的殖民政策，还对其他国家的公司采取打压措施。利凡特公司是一家主要与土耳其进行交易的英国商业公司，其商业来往主要是经由土耳其收购到亚洲国家的香料。然而，荷兰人范·涅克在1599年开拓了海上胡椒运输航线后，利凡特公司的地位就受到了严重的威胁。

当时一位英国商人这样写道："荷兰商人与印度人通商，对本公司与阿勒颇之间的贸易无疑会造成沉重的打击。"无奈之下，利凡特公司只能考虑重新开辟航线，他们打算绕过非洲南端直接与亚洲建立商贸合作。

这里，说一下利凡特公司的商人与当时荷兰商人的区别，前者不同于以掠夺为主要目的的远征船队，在初期他们是由衷地想创建一家以和平通商为要义的商贸企业。虽然英国人在海上有长期从事海盗、私捕的传统，当他们在地中海开展商业活动时，采用的却是讲规矩的交易手段——吸取并糅合了海盗、私捕的经验。他们知道在东印度的大市场中，莽撞地采取暴力等手段，注定会失败。

这样一来，英国公司的贸易势头势必会压制住荷兰，虽然17世纪初的英国东印度公司还未成气候。

那么，英国是如何后来居上的呢？

英国东印度公司的乐天世界

发展和转机

面对荷兰的压制与排挤，英国在东印度的发展和转机要感谢一个人的改革，他就是奥利弗·克伦威尔。

安汶岛事件后，英国东印度公司撤出了香料产地，这一巨额利润的贸易只能忍痛割让。对付荷兰，英国人表现得很聪明，他们采取了与那些从事非法交易的商人合作的策略，展开了胡椒贸易。虽然当时的英国无法靠近香料群岛等印度尼西亚的东部地区，但可以到位于苏拉威西岛的望加锡，这里聚集了很多私营商人。

这些商人中由于有很多是非法经营，他们渴望得到安全的保障，英国人就为他们提供火药、铅，并以此交换香料。同时，英国人还在爪哇岛西端的巴淡岛进行胡椒交易，通过这样的形式来对抗雅加达的香料市场。

然而，这样的策略因东印度公司本身所存在的弱点而效果不明显。这个弱点就是，公司在成立初期采取的是"单次航海"与"合资"的形式，这意味着公司的存在是临时性的，换句话说，它的存在虽然有女王的特许状，但具体实施中又不具有"权威性"和"唯一性"。对此，我们可以从一些具体的事例中得到证实，特别是在查理一世统治期间。查理一世实施暴政，以至于成为英国历史上唯一一位被公开处死的国王。1640 年，英国资产阶级革命爆发，以新贵族阶级为代表推翻封建统治建立起英国资本主义制度。

其间，私营贸易者活动愈加猖獗，其中一个叫威廉姆·柯登爵士的人竟然获得查理一世授予的贸易特权，并且该特权等同于东印度公司所持的特权。与这一时期荷兰的繁荣经济相比，此时的英国就大相径庭了，这些因素导致了英国东印度公司发展前景曾一度堪忧。

但是，随着英国资产阶级革命的发展，关于英国东印度公司的体制问题在奥利弗·克伦威尔掌权政府后得到了较好的解决。1657 年，这时的英国已经是共和政权了，在这样的国家体制下，东印度公司获得了新的皇家特许状。

这个特权也可以称之为"克伦威尔改革计划"，该计划将公司的体制改革为"合同合资"，并发行了股票，于是公司清除了之前临时性的色彩，成为一家现代化的股份公司。奥利弗·克伦威尔的这次改革也叫作英国商业革命，为英国东印度公司的崛起提供了非常有利的帮助，也为之后的英国工业革命带来了坚实的资本保障。

就英国东印度公司而言，原先的投资额与利益一并分配的方式被取消了，更换为符合公司向前发展的合理分配形式——仅将盈利分配给股东，出资者可以出席股东会议，具有根据各自的投资额来对企业、贸易经营事项进行投票决议的权利。这就大大地调动了公司成员的积极性，也体现出更加公平的决策体制。而且原先从事私营贸易，对东印度公司伤害较大的柯登公司也被整合于其中了。

这一大好形势甚至在英国资产阶级革命结束到复辟（1658 年克伦威尔去世，由其子理查·克伦威尔继承护国公。理查无力镇压反叛的贵族与军官，英国政坛混乱，国会遂声明君主制复辟）后的查理二世王朝都得到认可与强化。于是，东印度公司的春天到来，压抑很久的英国东印度公司准备启动对荷兰东印度公司的全面挑战。

在印度的殖民区域里，英国人控制了以苏拉特为中心的古吉拉特邦地区，科罗曼德尔与孟加拉的东海岸地区也进入掌控之中。向欧洲输送的商品也不再是诸如胡椒、香料等少数品种，而是转型为输送印度的棉织物、绢丝制品、茶、咖啡等。换句话说，英国从 1660 年起，东印度公司的贸易类型就开始转变了。

可以说，东印度公司的变化要感谢奥利弗·克伦威尔的改革。为什么这么说呢？因为从改革后的成效来看，英国东印度公司的胡椒进口贸易没有出现下滑的趋势，而且根据相关的统计数据表明，17 世纪 70 年代英国东印度公司的胡椒进口总量是该世纪上半叶的 2—3 倍，年均额约为 411 万磅。这是该公司创立以来最高的进口额。

我们再来看 1688 年荷兰东印度公司的数据，预计胡椒的年消费为 720 磅，董事会认为这是荷兰、英国两大印度公司应当供应的胡椒总量。这样看来，英国上述的 411 万磅的进口额，就已经大大超过了 720 磅的量了。

然而，这只是一个数字上的比较。实际情况是怎样的呢？面对英国

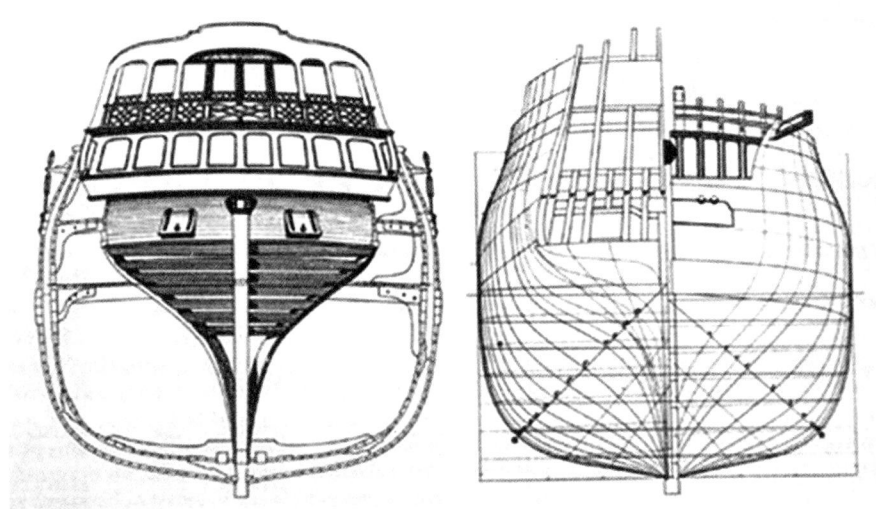

▲ 1752 年英国东印度公司船"福尔摩斯"号

人的挑战，荷兰人也做出了应对，他们采取输出大量胡椒的策略。这里以 1668 年和 1670 年来分析。1668 年输出胡椒量为 800 万磅，1670 年为 934 万磅。这样一来，两大公司就陷入了恶性竞争。由于对胡椒的大量进口，导致胡椒的价格大幅度下降，双方都损失惨重。

英国人是铁了心要跟荷兰人对抗，他们不顾恶性竞争的严重后果，仍然采取大量进口胡椒的策略，就是要跟荷兰一决高下。

为什么英国人如此坚决地执行这一策略？其原因在于他们知道一旦被荷兰人垄断了胡椒的市场，就彻底失去了竞争的优势。前面已经讲到，荷兰已经牢牢掌控了香料，如丁香、肉桂、肉豆蔻的贸易市场。而这些商品在欧洲市场是极受欢迎的。于是，对胡椒市场的争夺，就成为英国东印度公司眼下最重要的事了。

奥利弗·克伦威尔的改革就是要大力支持英国东印度公司。具体执行的公司决策阶层也是坚持采取大量进口胡椒的策略。

在英国东印度公司的发展进程上，一个叫乔西亚·查尔德爵士的人也不容忽视。乔西亚·查尔德以总裁的身份控制着英国东印度公司的运营。我们来看一份《关于东印度贸易的考察》资料，在这里乔西亚·查尔德指出，英国东印度公司通过大量进口胡椒、香料等成功地打压了荷兰对市场的垄断价格，并为英国节省了 50 万镑。这样看来，英国人的策略在一定时期内是收效显著的。

但是，胡椒的价格开始大幅度下降了。1670 年，胡椒价格由 1 磅 18便士下降到 9.6 便士；1675 年下降到 7.2 便士，已经不及原价的一半了。更可怕的是，随着西印度、中美洲的种植园开始大量产出生姜，该商品的价格仅为 1 磅 2 便士。如此一来，生姜开始逐步替代胡椒了，胡椒的贸易市场陷入低迷状态。

面对这般困境，荷兰东印度公司当然不会坐以待毙。他们打算反扑，更加大面积地强化对胡椒的垄断经营。1682 年，荷兰将英国在爪哇岛的班达地区的势力全部驱逐。于是，英国对胡椒的主要进口源地丧失了，导致胡椒的进口量锐减，仅 1683 年的输出量就减少到 128 万磅，伦敦的市场上，胡椒的价格也由此上升了 2 便士。

虽然英国在班达地区的势力荡然无存了，乔西亚·查尔德的计划也由此倒退。但是，荷兰东印度公司的损伤也不小，且对英国东印度公司而言，它逐步摆脱了当初的危险境地。

1700 年，伦敦的胡椒价格恢复到 1 磅 14 便士，荷兰在印度尼西亚对胡椒、香料的贸易垄断在短时期内是保住了，然而，在面对持续不断的商业本位战争以及恶性的贸易竞争中，胡椒称霸的时代一去不复返了。

这里，做一点补充说明。商业本位其实就是欧洲在 18 世纪盛行的政治经济体制，即一国的国力通过贸易的顺差（即出口额大于进口额）所能获得的财富。具体来说，有以下内容：

一、贵金属，如金银，这是一个国家不可或缺的财富。如果这个国家没有贵金属或者矿藏，可通过贸易来获得。

二、在对外贸易方面，必须保持顺差，即出口必须超过进口。具体来说，提高商人的政治地位，并要求他们在对外贸易中外国商品的货币总额必须少于出售本国商品所获得的总额。这样一来，就有更多的货币流回本国。

三、当正常的贸易手段无法达成贸易顺差的时候，可以采取一些强硬手段。因此，积极拓展海外殖民地就是最好的方式。

显然，荷兰在这样的商业本位战争以及恶性的贸易竞争中，越来越力不从心了。

英、荷间的纷争

1652 年到 1674 年，英国和荷兰杠上了。三次在贸易竞争中你死我活的战争，荷兰失败了，英国人逐步掌握了主动权。这三次战争很有意思，它们都发生在海上，是两个海洋国家围绕当时东印度胡椒贸易的战争。

我们来看 C·希尔的一段阐释：第一次英荷战争为英格兰商人打开了通往印度和远东地区的贸易大门；第二次英荷战争又为其开放了西非奴隶贸易的通道。

由于 16 世纪晚期，英国成功地打破了西班牙、葡萄牙殖民垄断的局面，可谓是脱颖而出，在世界舞台上正扮演着更加重要的角色。像英国这样一个势头正劲的国家，同荷兰这样的殖民强国的斗争自然是不可避免的，更何况，荷兰到处排挤英国商人。

比如，在波罗的海、北美殖民地、东亚、地中海、西非沿岸地区，荷兰凭借雄厚的资本，基本上垄断了各国的贸易。又如，荷兰在1649年与丹麦签订条约，获得货船免税通过松德海峡（在瑞典南部同丹麦西兰岛之间）的权利，将这一地区的贸易优势掌控在手中。同时，得寸进尺的荷兰竟然在英国水域肆意捕捞鱼虾等水产品，并把这些水产品高价输送到英国市场。

英国人忍受不了了，特别是资产阶级。1651年，英国议会通过新的《航海条例》，该条例规定：凡输入英国的货物必须由英国船只载运，或由实际产地的船只运到英国。我们知道，荷兰是著名的"海上马车夫"，向来以商船多、体积大、效率高、组织完善在海上贸易中扮演着举足轻重的角色，成为贸易中介国家、全世界商品的集散中心。

很显然，英国的这一策略伤害到了荷兰的利益。而双方又无法调和，两国的矛盾就愈加激烈了。荷兰的态度也很坚决，要求英国废除《航海条例》，英国表示拒绝，于是，战争就不可避免地发生了。

1660年查理二世再次颁布《航海条例》，使得在1654年暂时中断的战争再度爆发，这场战争，英国打得非常艰难，却获得了北美殖民地纽约的控制权，并敲开了奴隶贸易之门。从东印度贸易的角度来看，在安汶岛事件英国取得海战的胜利后，就《明斯特和约》中的内容，英国可获得3615镑的赔偿金。但英国人看到自己有继续胜利的可能性，又以安汶岛事件中的大屠杀作为第二次英荷战争的借口。然而，结果却事与愿违。

之后，由于国内反荷情绪高涨，第三次英荷战争于1672年爆发，这场战争因有法国的参与，英国方面实力大增，两国组成同盟共同对抗荷兰，致使荷兰败北。失败的消息很快传到爪哇岛，战争也烧到这一区域。一时间，爪哇岛陷入骚乱中。

长达 22 年的英荷战争，若从海上战役来看，英国并没有获得多大的优势，但从整体上说，荷兰的海上实力大为削弱了。这就是战争，内耗是相当惊人的。对英国而言，第二次战争中曾出现伦敦港被封锁的尴尬局面。1667 年 6 月 19 日，由德·奈特率领荷兰舰队航行到泰晤士河口。先遣舰队进入泰晤士河后，一路疯狂炮击，很快就占领了希尔内斯炮台，夺取了贮存在那里的大量黄金（据说，多达四五吨）、木材、树脂等物资。之后，荷兰舰队横冲直撞，英国无力招架。

1667 年 7 月 31 日，英国不得不与荷兰签订《布雷达和约》，放宽了之前颁布的《航海条例》，在荷属东印度群岛方面的权益也全部放弃，归还在战争期间抢占的荷属南美洲的苏里南。但荷兰也付出了割让哈得逊流域和新阿姆斯特丹（今纽约），承认西印度群岛为英国的势力范围的代价。

在第三次战争中，法国参与了进来。荷兰方面认为与来自海上英国的威胁相比，法国的陆军更让它害怕。英国历史学家保罗·肯尼迪曾这样认为：荷兰的败退与"地理因素和政治"有着密切的关系（详情可参阅保罗·肯尼迪所著的《大国的兴衰》一书）。而对荷兰不利的因素，却让英国受益了。正如这样一段描述所说："强劲的西风为英国提督创造了有利的条件，（荷兰）在美洲以及印度的贸易也暴露于英国海军的威胁中。"

荷兰毕竟财大气粗，在东印度的贸易并没有在英荷战争结束后陷入低谷。荷兰在 1620 年前后，可以从亚洲各地进口胡椒、香料，总金额高达 2943 弗罗林（一种足金币，通过南欧日益重要的贸易线路进入西欧和北欧，成为后来大多数欧洲金币的原型）。1670 年前后的总金额是 1620 年的 3.7 倍，高达 10813 弗罗林。甚至到了 1700 年，总金额继续高涨，为 1620 年前后的 5.1 倍，竟然超过了 15000 弗罗林。

英国东印度公司将亚洲纺织品，尤其是印度棉织物大量输入欧洲市场，因为棉花的使用能很好地改善人们的生活。我们今天使用的"纯棉"应该要感谢英国东印度公司，这是 17 世纪主要经由它"船载问世"的产品。之前，15 世纪的棉制品——亚麻棉布是经由威尼斯的船队由阿拉伯进入地中海地区的，很快，采用棉织物制成的服饰成为人们追逐的新潮流。17世纪英国著名作家和政治家塞缪尔·佩皮斯曾这样描述："贵妇们的服饰变得更加优美绚丽，其惊艳程度远远超过了以前她们改变服饰时带给我的感受。"

17 世纪 80 年代，棉织物热潮继续升温，而针对英国东印度公司的批判也爆发了。到 90 年代，批判进入到高潮，1720 年基本就是尾声了。这主要是因为印度产品的价格低于英国市场，导致人们竞相购买，大量金银外流到印度。

更严重的问题是，输出的印度产品没有在其他欧洲国家销售，主要市场在英国，使得英国的制造业遭受到灭顶之灾。像诺里奇、坎特伯雷这样的大城市，贫困居民增多、救济税金增长、织布工人抗议的问题层出不穷。印度产品在英国的泛滥，极大地改变了英国人的生活方式，他们对毛织品的需求减少，致使原毛及其相关产品的价格下跌，产品销售额甚至低于地租。

在这样的困境下，1700 年，《禁止进口棉织物法》在英国下议院通过。然而，这样的法令最终沦为一纸空文。因为东印度公司的众多头脑人物与上议院保持着密切的关系，英国东印度公司的世界看来是不可撼动了。

改革与壮大

在查理二世、詹姆斯二世的时代，英国的经济蓬勃发展。根据当时的数据统计，1665 年到 1688 年英国国民的收入上升了 8%，整个国家财富增长了 23%。这样的增长势头，主要得益于海外贸易的扩张。

著名的经济学家格雷戈瑞·金这样总结道："大商人和海上贸易从业者在提高人均年收入方面发挥了巨大作用。"像英国东印度公司这样的公司更是功不可没，英国这一时期海外贸易迅猛发展，尤其是欧洲以外的其他大陆之间的国际贸易也得到突飞猛进的发展和壮大。

这时候，有三家公司表现特别突出。它们组建股份公司，分别是"皇家非洲公司""哈德逊湾公司"和"东印度公司"。这三家公司资本雄厚，实力非凡。我们来看一组数据。

在 1691 年的时候，皇家非洲公司拥有 10 万镑的资本，哈德逊湾公司则有 4 万镑以上的资本，而东印度公司的资本高达 73 万镑，位居榜首。

1671 年到 1681 年的 11 年间，英国东印度公司的红利高到吓人，其总额竟然达到了总利润的 240%，年平均比例为 21.8%。此后的 10 年，公司又达到了 450% 的利润，年平均比例约为 17 世纪 70 年代的两倍，高达 45%。

这里做一个简单说明，所谓的红利原本应相当于赢利、净利。从这个角度来看，可以知晓英国东印度公司的营业成果是斐然的。以 1691 年为例，收获最大的有以下八位股东：

乔西亚·查尔德爵士：51150 镑。

托马斯·库克爵士：40850 镑。

约翰·穆尔爵士：25009 镑 10 先令。

威廉·兰霍恩爵士：18200 镑。

杰米瑞·桑布鲁克爵士：17750 镑。

詹姆斯·爱德华爵士：15500 镑。

理查德·哈钦森：13950 镑。

约瑟夫·哈恩爵士：12938 镑 6 先令 8 便士。

以上总额约为 195347 镑，而当时支付到东印度公司的股金总额为 739782 镑。这就是说，仅这八位股东就坐拥了英国东印度公司四分之一左右的股份。而当时，股东总人数为 467 位。由于八位股东的影响力甚大，以至于他们能轻易地操控公司的股票价格、主要经营权。

乔西亚·查尔德爵士更是通过多种手段谋取私利。比如每年向国王敬赠 1 万畿尼（一种由黄金铸造的货币，1 畿尼为 1.05 英镑）的财务。不久，乔西亚·查尔德爵士成了东印度公司的主要掌权者，恶意地操控着股票价格。因此，他被人们冠以恶名"肮脏至极的贪财鬼"。

乔西亚·查尔德爵士的恶劣行径引发了东印度公司其他股东的不满，但由于有王室的支持，一时间也只能忍气吞声。1688 年，英国光荣革命爆发了，詹姆斯二世的统治被推翻了。1698 年，由托马斯·帕皮伦等人不断地在议会上向新国王威廉三世请愿，要求建立全新的东印度公司。

于是，1698 年 9 月，全新的东印度公司成立了，取名为"东印度贸易英国公司"。当然，乔西亚·查尔德爵士失势的原因不只这些，非法商人四处活跃、走私贩卖，以及与法国的"奥格斯堡大同盟战争"都造成了影响。这场战争从 1688 年打到 1697 年，直到参战国都厌倦了这种没有结果的流血游戏而结束。

东印度公司受到牵连，这一时期的贸易萎靡不振。有一组数据：17 世纪 80 年代的进口额在 380 万镑以上，到了 90 年代下降到 173 万镑，不及前者的一半。更为雪上加霜的是，国王威廉三世还宣布取消东印度公司的特权。

面对重重困境，1702 年 7 月，两家公司与国王达成协议，合并为一家公司。内容主要是以 1709 年为限，双方应以平等的身份参与东印度地区的贸易。两家公司分别派出相同人数的委员，组成管理委员会负责公司的贸易经营。

这样一来是不是就内部和谐了呢？非也，双方早有间隙，不时出现对抗的局面。

为了公司的更好发展，1709 年 3 月，联合东印度公司成立了。随后，公司采取了一些行之有效的措施让公司的运营、管理更加规范化。主要内容如下：

一、限制大股东支配权，每位股东都拥有投票权、参加股东大会的权利。

二、建立明确的法规，以确保公司运营的民主化、现代化，并强化了股东大会的重要性。

三、总裁和副总裁不参加股东大会，由董事长（议长）、副董事长（副议长）出席股东大会。

四、设置由董事管辖的多种委员会，主要是用来指挥公司的实际运营。比如伦敦总部的机构——印度馆、事务局、地方性附属商馆、通信文书委员会（主要负责检阅从印度各馆区发来的报告书，并为董事会准备回执信函，对于报告的真实性，还会委托私人机构去核实调查）、会计委员会（主要负责票据的检查以及费用证明单，监督会计部门事务员的工作情况）、私人贸易委员（主要负责调整、监督公司支援的私人贸易和其他业务）、财政委员会（主要负责红利、利息支出，其他各类借贷项目、金银的购买等）、仓库委员会（主要负责建筑物的改建、修建，进口物品的保管等）。

五、由 24 名董事组成的董事会，还设有总裁和副总裁，用来压制理事的权力。从 1709 年开始，董事会的管理机制变为先从董事中选出代表与副代表，即议长与副议长，然后再通过董事们相互协商的方式来筹划和管理公司的经营。

补充说明，股东大会的重要职能是选举出 24 名董事，而在股东大会上选举出的董事会将成为执掌东印度公司经营的管理机构。能成为董事的基本条件是，必须拥有价值 2000 磅以上的股份。董事的选举在每年 4 月的第二个星期四召开。

不过，在这些改革制度中，却有一个弊端。就是持有 500 磅股份的人，只拥有"举手"投票权；能使用不记名投票（仅能投一票）的股东，必须拥有 1000 磅的股份。因此，像那些只有 500 磅股份的人，想要参加董事的选举大会，就必须至少两人凑到一起。这是多么的不公平，因为那些大股东，像持有 3000 磅的，就可以投两票，持 6000 磅的可以投三票，持 10000 磅以上的可以投四票。

尽管在具体实施中有不公平的现象，但是这样的改革制度为东印度公司的发展带来了很大的好处。因此，东印度公司通过上述的改革、调整、优化，终于进入到一个规范贸易的时代，商业项目的信用度不断提升，其股票被人们视为最佳的投资对象，一直持续到 1744 年。

南海公司的泡沫经济

南海公司的建立

进入 18 世纪初叶，英国的全国贸易和商业都在强劲发展，伦敦成为欧洲资本主义世界的商业中心，并呈现出能超越 17 世纪的商业中心阿姆斯特丹的趋势。

东印度公司所创造的经济成果，为人们描绘了一个绚丽的梦境，于是进行疯狂的海外贸易成为他们热衷的事业。在这样的狂热下，各种各样的公司林立而起，南海公司就是其中比较典型的代表。

1711 年，英国议会通过了成立南海公司的法案。这是一家与南海和美洲及其他地区贸易的不列颠商人的公司。据说，这家公司的策划者就是《鲁滨孙漂流记》的作者丹尼尔·笛福。

丹尼尔·笛福早年也是一名商人，曾到各国进行贸易活动。他对南美洲十分感兴趣，有意思的是，其作品《鲁滨孙漂流记》中的鲁滨孙漂流到的地方也是南美洲海岸的一个孤岛。创立一家与这一地区进行贸易的公司，是他梦寐以求的。他认为，若是能将大量的劳动力引入到这块富饶的土地上，就会有数不尽的财富。但是，廉价的劳动力从何而来呢？从非洲输入黑奴无疑是最好的办法。况且，在这里还可能挖掘出大量的金矿，即便是这些都无法实现，只要能殖民这些地区，有大量的人口涌入，殖民地对英国商品的需求也会增加。这就是丹尼尔·笛福的如意算盘。

算盘是打得挺响的，但能将之变为现实的并非丹尼尔·笛福，而是当时担任英国财务大臣的牛津伯爵罗伯特·哈利。

这位财政大臣是一个传奇人物，在安妮女王时代（斯图亚特王朝最后一个国王）曾任首相。他一生中最光辉的事情可能就数创建了南海公司，缔结了《乌德勒支和约》。可惜晚年参政不利，屡遭打击和排挤，甚至还被捕入狱。这还不算，创建的南海公司竟然还是一个"泡沫公司"。

南美洲在这一时期虽是西班牙的殖民地，但实际掌控其贸易垄断权的却是法国。有些事业似乎注定得由专属的人去完成。当时法国与西班牙正打得不可开交，法国波旁王朝——号称"太阳王"的路易十四是一个专横跋扈、好大喜功的人。他为了夸耀其武力，称霸欧洲，大搞战争。当然，他也是一个让艺术家、科学家喜爱的人，著名的凡尔赛宫就是其在政期间（1643—1715）完成的。他对艺术和科学的发展也进行了许多资助，让后世时尚女人又爱又恨的高跟鞋，就是路易十四发明的。

1660 年，路易十四娶了西班牙国王腓力四世之女玛丽·泰蕾兹。1665 年，腓力四世去世，其子查理二世继承西班牙王位。路易十四见查理二世体弱多病，于是提出一个"无理"的要求，他借口妻子玛丽·泰蕾兹是查理二世之姊，就说自己也拥有西班牙王位的继承权，并索要西属尼德兰作为腓力四世的遗产。

西班牙断然决绝，于是，这位"太阳王"就毫不客气地向西班牙宣战了。这场战争持续时间较长，不断的战争让路易十四吃不消了，就有媾和的想法。有意思的是，作为对抗法国的英国（还有瑞典）从 1710 年前后就开始了与法国单独进行媾和交涉。

罗伯特·哈利的条件很简单，就是要让法国认可英国在南美洲地区的贸易权，这些地区相当于今天的智利、阿根廷等地。法国同意了。1711 年南海公司创立了，并接手了法国在南美洲的贸易权，而英国政府也授予了公司巨大的特权。

只是，南海公司的经营并不顺利，主要原因在于西班牙，它只允许南海公司每年向在南美洲的西班牙殖民地输送一艘货船的商品。罗伯特·哈利对此无能为力，现在手中剩下的牌只有黑奴贸易了。因为，在《乌德勒支和约》中英国可以进行黑奴贸易。更何况，要让南海公司继续维持下去，快速敛财，这样的贸易再合适不过了。

然而，事情并没有像罗伯特·哈利想的那样，尽管根据和约的规定，南海公司每年具有向美洲输送 4800 个黑奴的特权，南海公司也多次派遣船队进行黑奴输送，无奈在贩运过程中，奴隶死亡率太高了。从 1715 年到 1717 年，无论是"伊丽莎白"号，还是"贝德福德"号，抑或"皇家王子"号，都收效甚微。到了 1718 年，本以为派遣出的"皇家乔治"号能够满载而归，谁知英国与西班牙之间爆发了战争，即四国同盟战争，迫于战争形势，"皇家乔治"号打道回府。

看起来，南海公司的前景暗淡。可是，南海公司依然强调自己，大有可为，并邀请英皇乔治一世加入董事局成为总裁。有了英皇的支持，南海公司决定干一件大事，聚集众多富商成立金融机构，就像英格兰银行那样。当然，南海公司这样做并不是没有前车之鉴，因为在 1717 年，密西西比公司（主要在法属殖民地北美地区的密西西比河流域从事贸易和开发，因其拥有雄厚的财力，创办了法兰西东印度公司和法兰西银行）推出股票换国债计划，为法国政府融资。对于这份密西西比计划，南海公司并不看好，甚至认为会失败。然而，很奇怪的是，公司高层对该计划却表现出浓厚的兴趣。经过一番商讨，决定仿效。南海计划就这么"容易"地出炉了。

建银行，发行与国债同等价值的银行债券，经营兑换、汇兑、转账、存款等业务，南海公司和罗伯特·哈利信心满满，觉得赶上了好时机，因为早在 1692 年，英国为筹措与法国战争的费用，推行国债制度，这种向民间借贷的形式，政府大都会以将来的税收作为担保。

将来的事情谁也说不准，很多不确定的因素都会产生。随着奥格斯堡同盟战争、西班牙王位继承战争的爆发，军费的增长十分吓人，取自于民间的国债迅猛地膨胀也在情理之中了。国债增多，需要支付的利息自然就增多，国家的财政负担就会加重。南海公司想成立金融机构来处理政府国债的业务想来也不算奇怪。

对英国而言，重商主义为他们带来了可观的收益。我们知道，一个国家在海权的控制中拥有很强的能力，其海上贸易自然顺畅得多。英国的贸易扩张，就是建立在这样的基础上。

简言之，英国的海军实力在不断加强。而成功的要素就是不断发动战争、抢占殖民地、控制贸易航线。随着战争的持续，对军费的需求额常以调动国债的形式来进行。南海公司购入政府 1000 万镑国债，并按 5% 的利率收取年息。到了 1719 年，公司将国债转换成股票，这一计划成功了，股票价格一路上升，竟然获得了 7 万镑的利润。

尝到甜头的南海公司决定再出大手笔。首席理事布朗特认为——正如前面所说，效仿密西西比公司的计划是可行的。因为，买下密西西比公司的约翰·劳是眼光独到的顶尖高手。的确是这样的，他不但在贸易上获得法国政府承诺给他 25 年的垄断经营权，还创建银行，涉足金融业。他的野心很大，希望能将法国的国家财政纳入到公司的掌控下。

对此，世人有一些说法，认为他就是一个善于忽悠之人，他说在密西西比遍地都是黄金，只要拿一面小镜子就可以同当地人换取相当数量的金子。

就这样，他成功地忽悠了很多人，他的公司股价也由 1000 瞬间飙升至上万。只是，约翰·劳最终的结局是失败的。比如从他的著作《论货币和贸易》中可以看出，他对财富的理解是多么的幼稚。他认为只要拥有足够多的货币就可以带来财富了。其实，重要的不是创造货币，而是创造财富。否则，国家只要开动印钞机，很多问题就能解决了。

布朗特的计划是，假如政府同意将国债全部交付给南海公司，再加上还有牛津伯爵罗伯特·哈利的资源支持，那么南海公司就能获得增发与国债同等价额股票的许可。根据公司当时的股票面值是 100 磅，市场价格是 128 磅。若市场价能上涨到 300 磅，公司可将三分之一的股票转让给国债持有者，剩下的三分之二就能全部纳入公司的金库。

计划是不错，因为有成功的案例，即约翰·劳的密西西比计划是成功了的。更重要的是，此时的英国政府正为巨额的国债发愁，政府同意这项计划可能性极大。然而，议会能同意吗？

南海公司在实施计划的时候，财务大臣约翰·艾思拉比看出了其中的问题。其中，最重要的一点就是南海公司自成立以来，业务就相当糟糕。于是，约翰·艾思拉比采取了折中的方法：

一、不动英格兰银行和东印度公司所持有的国债。

二、仅将民间个人的 3000 万镑国债交付给南海公司。

南海公司此时心里的阴影面积是比较大了。他们也想出了应对策略，主要如下：

一、动用高层关系向大臣施压。

二、接近至少 100 名议员，向他们行贿。

1720 年 1 月 22 日，财务大臣向下议院提交了《南海计划法案》，南海计划中 1830 万英镑的国债分别由英伦银行、东印度公司、南海公司三大机构持有，分别为 340 万英镑、320 万英镑、1170 万英镑。其中，有 1660 万英镑属于可赎回政府债券；较长期债券总值 1330 万英镑，较短期债券总值 170 万英镑，总共有 1500 万英镑定期债券。

其实，南海公司希望政府能将 3000 万英镑的国债交给公司负责，而债息可以保持在以往 5% 的水平上。这样一来，政府每年就可以减轻债务。另外，公司保证一旦赢利会向政府贡献更多的资金。按照预算，每年约有 15 万英镑的资金进入国库，25 年后政府就可以将所有的国债还清。对个人而言，可以使用南海公司的股权来充当支付给个人的国债认购经费。当然，这属于个人自决行为。

现在，只等下议院的意见了。然而，下议院表现出较为理智的行为，议员们没有轻易地投票赞成这一计划。这里单说一下辉格党议员的意见，他们是支持英格兰银行的，这计划应当由英格兰银行负责运营，南海公司以往的经历不具备能将计划成功实施的可能。由于辉格党在当时势力较大，其大部分领导人都是依靠政治庇护在议会内结成家族集团的大地主，所以，辉格党获得了金融界和商业阶层中许多人的支持。于是，南海计划最后演变成由英格兰银行来设计方案，再提供给下议院来裁决。

南海公司自然不情愿，于是也向政府提供了竞争的方案。

双方的论争进入到白热化阶段。两者还分别出版宣传物进行舆论争夺。英格兰银行指出南海公司绝不是为了大众利益，而是为了自家私利。南海公司坚决反对。辉格党领袖罗伯特·沃波尔甚至进行多次演讲来反对，因为他是大力支持英格兰银行者。对此，我们可以从威廉·考克斯在18世纪为罗伯特·沃波尔写的传记中得到印证。

罗伯特·沃波尔在下议院曾做过这样的演说："这是一个分散国民对商业贸易的注意力，将人们推向自我毁灭的行为，即股票交易计划：它利用股票盈利的繁荣假象，引诱他们轻率地步入末路，并将其作为致命的诱饵——欺骗他们将辛勤劳动得来的果实与空想中的财富进行交换。"

罗伯特·沃波尔的演讲原则上代表了英格兰银行的立场，实事求是地说，他的这番分析是对的。除了他，还有霍雷肖·沃波尔、托马斯·皮特等有影响力的人物反对这样草率的计划。

然而，下议院在1720年4月2日还是通过了《南海计划法案》，历时数月的争论终于尘埃落定。而投票的赞成与反对比特别有意思，竟然是172：5。这样看来，上述大佬们的反对力量实在太薄弱了。主要原因在于南海公司向政府议员采取的两点策略发挥作用了，以及那时英国人民对财富的极度向往。

4月7日，上议院的投票结果为83：17，《南海计划法案》以绝对的优势正式确立，并生效。

财富的魔力

1720 年 4 月 14 日，南海公司负责这项计划的约翰·布朗特发布了出售 20000 股南海公司股票的公告。实行的是现金股票交易，在短短几小时就创下了 22500 股的销售成绩，比计划多售出了 2500 股。

这番成功，让南海公司信心大增，于 4 月 30 日又出售了 1 万股，股价由原先的 300 英镑涨为 400 英镑（每股面值为 100 英镑），随后，又售出 500 股。这样一来，人们对南海公司的期望值不断上升，这一功劳应归功于约翰·布朗特的策划。

当然，计划的成功得利于政府给予的诸多特权。据说，连政府获得的位于南美洲秘鲁的金山都打算交付给南海公司管理。由南海公司所受到的待遇可知，东印度公司在历史上曾一度受到挤压。

英国人对南美洲的向往是如此的强烈，因为那里是一块财富之地，只需要付出劳作，大把的财富就滚滚而来。那里气候宜人，特别适合谷物、牧草的种植栽培，黑牛、鸵鸟、智利品种的羊和鹿能得到最好的饲养。更重要的是，还有大量的黄金、贵重的智利硝石等矿产可供采集，而英国人的棉织物、毛织物、建筑用材、农业用品、其他生活用品都可以轻易出口到那里。

在这样的情境下，人们对南海公司的热情也就不奇怪了，尽管当时英国与西班牙的关系令人担忧，却丝毫不影响这份热情。人们在南海公司发行的股票下做着各种想入非非的发财梦。他们想尽办法去购买股票，或拿出所有积蓄，或去借贷，总之，就是要股票，要南海公司的股票。

为了能堵住英格兰银行以及反对派们的嘴，南海公司分给了支持者 25 万多的英镑。此外，支持南海计划的政府官员也获利不少，他们接受南海公司的行贿。比如，首相查尔斯·斯宾塞获得 16 万英镑的南海股份。

南海公司为了获利，急于求成，采取提升股票价格的方式来推动人们将所持的国债兑换成南海公司的股票。

然而，怎样让股票价格上升呢？他们仿效了前面提到的约翰·劳的方法。

约翰·劳是通过让政府增加纸币发行量的方式来达到提升股价的目的。可是，约翰·劳最后不是惨败了吗？如此仿效，南海公司在英国没有成功，紧接着，采取另外的方案，即向股东发行用于购买股票的贷款，以此推动股东积极购买的热情。

南海公司利用媒体和自身资源发布了这一消息，每股 100 英镑的股价，可以按每股 250 英镑的金额进行借贷，但每人限借 5000 英镑。

果然，人们得知此消息，反应强烈，股价瞬间飙涨到每股 400 英镑了。之后，又以更高的诱惑来促使人们继续疯狂购买，一时间，达到每股 800 英镑。再后来，到了每股 1000 英镑，而每股面值的 100 英镑，南海公司采取现金交易。这面值 100 英镑的股票很快就售出了 50000 股。再后来，每股又涨到 1050 英镑。

英国人疯了，财富的魔力让他们丧失了理智，就连东印度公司的股价也涨了。我们来看当时一些重要公司的股价，以 1720 年为例，单位为英镑，股票面额为 100 英镑。

日期	东印度公司	南海公司	英格兰银行	皇家非洲公司
1 月 1 日	200.25	128.25	150.25	25
5 月 20 日	268	415	204	100
6—8 月	449	1050	265	200
股价增长率	124%	730%	76%	700%

这里特别说一下皇家非洲公司。在1713年后相当长一段时间里，该公司业绩惨淡，但是，当公司宣称与南海公司达成了奴隶贸易合作后，其股价快速飙涨了700%，增长率仅次于南海公司创下的730%的记录，皇家非洲公司东山再起了。

泡沫破灭

在这样的狂潮下，英国国内出现了许多投机倒把的泡沫公司，它们的股价也快速飙涨。于是投机热潮迅速席卷英国，每月都有十几家新公司成立。

更有意思的是，很多公司的噱头让人哭笑不得，比如"从40年前的沉船中打捞黄金的公司""为所有男人、女人在被仆人骗取侵吞财务受损时提供保险的公司"。一些媒体刊发的广告也让人浮想联翩——

> 为将流动水银转化为固体，即一种具有与纯净普通白银性质、外观、价值相同的物体（估计跟现在搞传销的差不多，有没有产品都不一定），本公司特别征集200万英镑作为启动资金。为表达对方案策划者和公司的感谢，我们将于7月15日12点至下午3点之间在喷泉酒吧股票交易市场，按照每100英镑的许可证对6便士的价格发售许可证。经过精准计算，所有认购者都将获得800%以上的利润。

无须辛苦地去奋斗了，人们在这些泡沫公司的煽动与诱惑下，快捷获得财富之路是如此的简单。而南海公司的命运会如何呢？

由于南海公司是通过政府给予的特权而获得了成功，换句话说，当政府认为公司不具备这些特权了，其后果就堪忧了。果然，议会通过了一项法案，未持有特许状的公司将视为非法组织。

1720 年 8 月 18 日，皇家绢布公司、英国制铜公司、约克建筑公司、威尔士制铜公司，这四家规模比较大的泡沫公司被查处，股票在一夜间变得一文不值。

这事件的影响是恶劣的，民众对股票的信任度产生动摇，毕竟那么大的公司竟然在"玩泡沫经济"，一时间，民众争先恐后地抛售手中的股票，很快，股价就大幅度下降。而这样的"巨浪"也朝南海公司拍打而来，其股价在 8 月初下跌到 900 英镑，无论采取什么措施也无法回升了。

在外度假的辉格党领袖罗伯特·沃波尔得到南海公司的内部消息，在 8 月 12 日这天公司要发行 10000 股新股，用以保证股价上涨。然而，股价狂跌的事态并没有停止，从 8 月 18 日起，南海公司的股价再次大幅度下跌，由 900 英镑下跌到 770 英镑，之后又下跌到 575 英镑，接着是 380 英镑，最后是 190 英镑。

南海公司高层着急了，打算向英格兰银行求救，英格兰银行同意援助，但还未实施时，又发生刀剑公司（与南海公司关系密切的公司）挤兑混乱事件。很多投资者的财富瞬间化为乌有，损失惨重，民众因破产自杀的事件屡有发生。而英格兰银行的股价也由 8 月的 263 英镑跌到 12 月的 145 英镑。

曾经大肆鼓吹财富经营的南海公司终究像泡沫一样在狂风肆虐中很快"倒闭"（严格来说，在 1750 年以后已中止对南美洲的贸易业务，但却维持至 1853 年才正式结业），多名托利党官员因该事件下台、问罪、意外死亡。如财务大臣约翰·艾思拉比获罪，被关押在伦敦塔监狱；约翰·布朗特大部分财产被没收；詹姆斯·斯坦厄普伯爵突然死亡。

这次事件给英国民众带来极大的心理创伤，在此后很长的时间里，民众对于新兴股份公司都心有余悸，南海泡沫的后续不良影响时间跨度长达百年。

18 世纪，英国伟大的诗人亚历山大·蒲柏对这次事件进行了严厉的批判，充满了讽刺的意味：

> 终于，腐败像汹涌的洪水淹没一切。贪婪徐徐卷来，像阴霾的雾霭弥漫，遮蔽日光。政客和民族斗士纷纷沉溺于股市，贵族夫人和仆役领班一样分得红利，法官当上了掮客，主教啃食起庶民，君主为了几个便士玩弄手中的纸牌，不列颠帝国陷入钱币的污秽之中。

南海公司泡沫事件中，辉格党领袖罗伯特·沃波尔表现尤为出色，不但收拾了混乱的局面，还协助向股民做出赔偿，使经济恢复正常。通过这次事件，他成为英国首相（后人认为他是英国史上第一位首相，也是在位时间最长的首相），而托利党则失去实权。之后的 20 年，英国进入"沃波尔时代"。

茶叶贸易与困境的突围

英国人盯上了茶叶

1720 年股市危机中东印度公司的命运如何呢？由于东印度公司资金雄厚，加上在海外的贸易平稳，平安度过了这场股市危机。

1723 年，罗伯特·沃波尔针对茶、咖啡、可可果特别设置了保税仓库；为防止逃税，加强了对商品的管理和检查。这是他的关税改革的部分内容。

现在，问题出来了。受关税改革影响最大的是东印度公司进口的茶叶。我们知道茶叶不仅是 18 世纪英国进口的重要商品，还是美洲独立运动的导火线，1773 年 12 月 16 日，著名的波士顿倾茶事件就是围绕东印度公司运回的茶叶而爆发的。这样看来，18 世纪的英国东印度公司与茶叶之间有着紧密的关系。

▲ 波士顿倾茶事件

英国人酷爱饮茶是出了名的，尤其是红茶。英国包括欧洲是没有茶叶这种产物的，直到从印度和其他亚洲国家进口了茶叶，英国人发现了茶叶的神奇，茶叶受到了极大的欢迎。

1662 年，葡萄牙公主嫁到英国，其丈夫是查理二世，就是这个高贵家族的公主将东方的茶叶从葡萄牙带到了英国。之后，威廉三世从荷兰到了英国（因 1688 年光荣革命，这是一场关于英国资产阶级和新贵族推翻詹姆斯二世，防止天主教复辟的非暴力政变），他的妻子玛丽二世因喜欢饮茶，也把饮茶的习惯带到了这个国家。到了 18 世纪安妮女王时代，她本人也喜欢品茶，于是，英国人喜欢喝茶的习惯就这样逐渐形成了。

鉴于茶叶有如此好的前景，东印度公司看到了巨大的商机。我们来看 1685 年公司总部发往马德拉斯[1]的信件内容："茶叶是一个大有发展前景的商品……希望每年输送……煎泡后茶色明显且纯正者，一般最受欢迎。"

实际上，茶叶在英国风靡还由于其俘获了英国姑娘的芳心，因为它首先风靡于上层社会，尤其女性间，喝茶是身份、地位、品位的彰显。这种充满异国情调的产物在英国人的青睐下还发展出很多味道，比如加糖、加牛奶，让口感更好。为了说明茶叶在英国东印度公司进口量的增加，我们来看下面的数据：

---

1 今金奈，位于孟加拉湾的岸边，早期只是一个名为"马德拉斯帕塔姆"的乡村，因东印度公司在这里开展贸易，成为南印度重要的政治、经济、文化中心及交通枢纽。

年份	总价格	进口量	增长率
1721—1730 年	611441 英镑	8879862 磅	—
1731—1740 年	609469 英镑	11663998 磅	31%
1741—1750 年	1052373 英镑	20214498 磅	73%
1751—1760 年	1692698 英镑	37350002 磅	85%

这还是在罗伯特·沃波尔针对茶叶的关税改革下的增长，就算是在南海公司泡沫事件后，东印度公司的茶叶贸易依然保持向前发展的势头。

在这里，我们还可以从走私贸易中窥探到茶叶贸易的繁荣，甚至成为很多公司赖以生存的重要基础。比如，由丹麦和挪威国王克里斯蒂安四世授权于 1616 年创立的丹麦东印度公司，主要经营与印度的贸易业务，其基地位于"丹麦人的城堡"——特兰奎巴。

需要说明的是，这家公司如昙花一样，在短暂的繁盛后很快就衰落下去了，甚至到后来被迫解散，主要是因为 1801 年的拿破仑战争和 1807 年的哥本哈根战役，英国海军对哥本哈根的攻击使丹麦舰队几近全军覆没，连黑尔戈兰岛也被割让（1714 年属丹麦所有，于 1814 年割让于英国）。

当英国在海洋贸易中的地位越来越强悍时，丹麦东印度公司就不复存在了。但是，在一段时期，丹麦东印度公司竟然能超过英国东印度公司的贸易，主要是通过各种渠道将 90% 的茶叶走私到英国。由此可见，是茶叶养活了这家公司。

又如瑞典东印度公司，这是一家与东亚，特别是中国进行贸易而创立的公司（大北方战争让瑞典变得贫困不堪，海外贸易成为瑞典重建国家的重要策略），于 1731 年在哥德堡成立。这里面，茶叶的走私贸易起了很大的作用。

瑞典东印度公司从中国购入大量的茶叶，像"哥德堡"号在 1774 年公司的贸易总额中，茶叶的比重竟然占了 90%。公司将大量的茶叶要么输出到其他国家，要么以走私的形式进入到英国市场（主要目的是为了压低英国茶叶的价格），巨大的利润让瑞典东印度公司收益颇丰。

再如 18 世纪 30 年代，法国东印度公司也是通过茶叶的业务而扩大规模的。

上述案例从公司的贸易角度可以看出茶叶在扩大、盘活诸多东印度公司的历程中起到了重要的作用。据统计，1721 年这一年诸多东印度公司输入到欧洲的茶叶总量达到了 380 万磅，而其中大部分又被走私到了英国。到了 1745 年，茶叶的进口量又增长了两倍多，大约是 900 万磅。为了进一步说明茶叶贸易的重要性，我们再来看 1733 年到 1782 年的数据，根据英国东印度公司会计局长的推算，在这近 50 年的时间里，中国的茶叶进入到欧洲市场的年平均量为 1300 万磅。

看来，进行茶叶贸易大有可为。不过，由此引发的问题随后也快速暴露出来了。因为这里面有大量的茶叶是以走私的形式进入到英国的，换句话说，这对英国东印度公司是极大的伤害。

我们仍以 1733 年到 1782 年的数据来阐述，当年平均以 1300 万磅的量进入到欧洲市场，其年平均消费量为 550 万磅，那剩下的茶叶到哪里去了呢？

这些茶叶以走私的渠道进入到英国，年平均为 750 万磅。由于大量的走私茶叶进入到英国，使得很多茶叶经销商备受打击，销售额惨不忍睹。

英国该如何解决这棘手的问题呢？

茶叶税制改革

如前面所述，罗伯特·沃波尔时代的一系列改革，尤其针对茶叶进行的税制改革致使英国的茶叶税很高。于是，英国东印度公司不得不将茶叶的价格提高。

英国人喜欢喝茶，美国人也喜欢，但高昂的价格使得他们更愿意买便宜的走私茶。这样一来，就会有很多公司，尤其是以荷兰为首的其他诸国公司将大量的中国茶叶输入到欧洲。

在中国，像在广东等地采购的茶叶十分低价，这也是走私茶叶能产生暴利的重要原因。这些公司的做法无疑对英国东印度公司造成了很大的损害，致使其茶叶大量滞销，陷入经济危机中。

需要说明的是，英国东印度公司的茶叶除了本国市场，美国也是主要消费国。而茶叶在美国的滞销，让公司更是雪上加霜。

为了解决这一问题，1767 年，英国财政大臣 C·唐森德出手了，这就是有名的《唐森德税法》，这是英国印花税条例废除后，为了榨取殖民地更多财富进行的一个重大策略。

《唐森德税法》规定：英国输往殖民地的纸张、玻璃、铅、颜料、茶叶等均一律征收进口税。

法案一颁布，立刻引起北美殖民地人民的愤怒抗议，要求废除。在强烈的反对声中，英国于 1770 年废除了此法，但保留了茶叶税。

1773 年，承受不住大量滞销茶叶的东印度公司，在政府出台的《救济东印度公司条例》的帮助下，获得了到北美殖民地销售积压茶叶的专利权，并免缴高额的进口关税，只征收轻微的茶税。这意味着除英国东印度公司外，所有到殖民地进行茶叶贸易的其他公司都是非法的。在价格方面，公司以低于走私茶 50% 的价格进行倾销。要知道，北美殖民地人民饮用的茶叶来源大部分是走私茶。

于是，纽约、费城、查尔斯顿等地区的人民采取拒绝卸运茶叶的方式进行对抗。对抗持续到 1773 年 12 月 16 日，终于大爆发了。这就是著名的波士顿倾茶事件，打响了美国独立的第一枪。

看来，英国人的解决方案出了大问题。出路到底在哪里？殖民继续扩张，尤其向东方或许是最好的出路。

英国的茶叶进口是在 1720 年前后急剧增长的。根据 1784 年颁布的《折抵法》，东印度公司的茶叶价格被降到原先的一半，于是人均消费增加了两倍多。到了 19 世纪，英国更是进入到全民重点消费茶叶的时代。

我们让时间往后，东方的茶叶价格低廉，中国的广州等地是大量茶叶来源地，仅 1834 年英国东印度公司从这里运出茶叶就高达 3200 万磅，而英国国内的经销商也能做到大量积存茶叶而不恐慌，像著名的约翰公司一天可售出 120 万磅之多的茶叶。

但 1836 年后，中国和英国的关系趋于紧张。为了进一步拓展市场，获取大量的殖民财富，并大量输出国内商品，英国迫切需要打开海外市场。

很多时候，经济上的困境或者经济的发展，会让战争的到来呈现出更多的可能性。

1840 年，鸦片战争爆发了。中国国门被迫打开，在鸦片战争后的 20 年里，中英两国的茶叶贸易得到迅猛发展。

1844 年中国的茶叶输入到英国为 7047.65 万磅，1860 年上升到了 12138.81 万磅。

东印度公司的利润再次大爆发。

困境突围

实际上，英国东印度公司与中国的茶叶贸易，在鸦片战争以前，也是不容忽视的。1690 年前后，东印度公司就已经将中国的茶叶进口到英国，但毕竟与鸦片战争后的茶叶贸易无法相比。

因此，要说英国东印度公司因大量的走私茶而陷入经济危机，而后寻找解决之法，比如向东方寻找出路，我们是可以从这一时期看出端倪的。因为在此期间，进入到英国的中国茶叶实际上由运到印度尼西亚巴达维亚的船队掌控，而当时的巴达维亚又被荷兰人控制。

在前文我们已经讲到荷兰对英国东印度公司的打压，特别是 1682 年的时候，强大的荷兰将英国人驱逐出班达群岛，英国在爪哇的经营基本上是人去楼空。东印度公司想要通过巴达维亚这条贸易渠道获得中国的茶叶实在很困难。于是，寻找新的航线与中国取得联系，成为英国人面临的问题。

1697 年，英国两艘船舶第一次停靠在了中国的厦门。中国的茶叶第一次通过该船运到英国，然而量少得可怜，到 1699 年，运到伦敦的茶叶才 1.3 万磅。我们知道，清政府采取的是闭关锁国的政策，对外贸易受到了较大的制约。尝到甜头的英国决定与清朝政府进行交涉，希望能获得进入中国港口的贸易权利。

1713 年，英国正式获得了进入广东的许可。

至此，茶叶贸易开始进入到突飞猛进的阶段。在英国东印度公司与中国的贸易中，茶叶的进口逐步取代绢织物，占据了核心地位。到了 18 世纪后半期，更是占据了 80% 以上的比例，而广东也逐步成为英国重要的海外贸易中心之一。英国下议院对在广州进行贸易的商人调查后得出了这样的结论："几乎所有出席的证人都承认，在广州做生意比在世界上任何其他地方都更加方便和容易。"

当然，与之进行的鸦片贸易，也让殖民国家陷入深重的灾难。

东印度公司，真的是不可敬的。

巨额财富以及国内发展的资金积累很大程度上都是来自于对殖民地的疯狂入侵和掠夺。

从商业殖民公司到"卸磨解散"

殖民化中国

是时候结束了。

是的，殖民地人们都盼望着东印度公司能结束。然而，1833 年以后的东印度公司却更加的臭名昭著了，其收益的重要途径，除了茶叶，就是鸦片。

英国东印度公司在殖民印度后，采取贷款给印度农民的形式将鸦片进行大面积种植，再将收购来的鸦片进行加工，贩卖到广东。鸦片的贸易收入在这时期占到了公司总收益的 12%。当然，不仅是英国，其他国家的东印度公司也在从事大量的鸦片贸易。在印度一箱鸦片的价格为 200 美元，到了中国交易价竟然是其四倍，大量中国白银外流，即便是在清政府的禁烟政策下，鸦片贸易依然兴旺，无法逆转。

1839 年 6 月 3 日，钦差大臣林则徐下令在广东的虎门海滩销毁鸦片，23 天的时间里，共销毁 2376254 斤。这次硝烟事件也成为第一次鸦片战争的导火线。

1840 年，鸦片战争爆发了。战争以清朝的失败并割地赔款而告终。第二年，英国军舰占领香港，英国政府宣布这块岛屿将成为自由港，于是，不仅是东印度公司，那些私营贸易商们也纷纷踏上这块宝地，他们在这里购买土地，甚至定居。应该说，香港的开拓与这些崇尚自由贸易的商人们有着较为重要的关系。

由于在鸦片战争结束后，与清政府签订的《南京条约》没有关于鸦片的任何规定，在这样的"漏洞"里，香港"顺理成章"地成为东印度公司向中国倾销鸦片的最大仓库。单从将香港作为鸦片贸易输出的重要港口和囤积地来看，东印度公司的罪恶已经彰显无疑。

一种普遍的观点认为，像英国这样拥有强大军事力量的国家，想要镇压殖民地民众反抗应该不难，或者说殖民地人民应当会安分守己。"亚罗"号事件的爆发或许能为我们提供不同的观点。

欲望是永远得不到满足的，1854 年英美等国掀起了"修约风"，因交涉未能得逞，一场阴谋就此酝酿中。

1856 年，英国驻广州领事哈里·斯密·巴夏礼爵士坚称"亚罗"号是英国船，并捏造中国水师扯下了船上的英国旗，侮辱了大英帝国。他依据《虎门条约》（即《南京条约》的附约）要求两广总督叶名琛立即释放被捕人员并道歉。迫于压力，被逮捕的人员全部送交了英国驻广州领事馆，但叶名琛以没有侮辱英国国旗为由拒绝道歉。

就此，英国找到了发动战争的理由。于是，英军炮轰广州城。就这样，第二次鸦片战争爆发了。两广总督叶名琛不惧英国强权意识，果敢发布告示："英夷攻扰省城……罪大恶极……但凡见上岸与在船滋事英匪，痛加剿捕，准其格杀勿论。"

虽然清政府在这场战争中失败了，中国的殖民化进程也加深了，但叶名琛等所展示出的不卑不亢的气节是让人敬佩的。马克思曾这样说："叶总督有礼貌地、心平气和地答复了激动了的年轻英国领事的蛮横要求。他说明捕人的理由，并对因此而引起的误会表示遗憾，同时他断然否认有任何侮辱英国国旗的意图。"

这其实就是民族意识：一旦觉醒，力量强大。

接下来可以看看 1857 年的印度兵叛乱了，以及这场叛乱后东印度公司所受到的影响。中国、印度以及幕府时代的日本等国，他们都怀有浓厚的民族意识，还有信仰，这些是不容侵犯的。

民族意识的觉醒

最先爆发的叛乱是印度佣兵。令印度佣兵气愤的是，据说恩菲尔德步枪[1]所使用的子弹包，上面涂抹了猪油或牛油。这对信教的他们，简直是肺都要气炸了！印度士兵在使用这种枪时，需要用牙把子弹包咬开。而牛作为印度教的圣物，让有信仰的印度士兵吃牛肉是属于大不敬的。至于穆斯林因宗教习惯，他们是不吃猪肉的。

印度佣兵中有很多是印度教徒和穆斯林。

问题就来了，印度佣兵认为这是对信仰宗教的极大侮辱，许多地方的

---

1 英国恩菲尔德兵工厂生产的一种枪。

士兵都拒绝使用这种子弹。我们来看 1857 年 4 月 23 日，位于印度德里东北部的一座城市密拉特第三轻骑兵连队兵营里士兵的对话——

"密拉特也要分配新子弹包了。很明显，子弹包上被涂上了牛油、猪油。不管是印度教徒还是穆斯林，谁咬下去谁就会被玷污。"

"要是用了这种子弹包，大概会把自己的忠心都丢掉，连家也回不了了吧。"

……

东印度公司方面没有采取安抚的手段，而是进行严厉镇压。就这样，印度佣兵的不满情绪被一步步激发出来。

他们发誓要把英国人赶走，坚决地赶走！强大的凝聚力，因种姓问题、宗教意识、民族意识而聚集在一起了。

1857 年 5 月 10 日傍晚，在一阵阵"欧洲人要来了！要打趁早！晚了白死！"的高呼声中，印度佣兵们一呼百应，他们冲进武器库，将英国人杀死。随后，影响力继续扩大，连民众也参与进来。很快，他们向德里挺进。德里距离密拉特只有 60 多千米，在那里，有印度莫卧儿帝国的权力象征——皇帝巴哈杜尔·沙二世。

于是，叛乱又演变成全国性的起义。可惜，皇帝巴哈杜尔·沙二世是个傀儡，胆小犹豫，虽在大家的催促和胁迫下登上王位，并宣布复权。然而，由于起义的失败（1859 年 7 月以后被彻底镇压下去），一切又恢复如前。

英国人残酷镇压这次叛乱的起义者，他们采用"炮毙"[1] 的方式处决俘虏，由于这种死刑方式极为残忍，也不符合印度教徒和穆斯林的葬礼习俗，英军想用这样的处罚来打击叛军的士气。

尽管这次起义失败了，但它却终结了英国通过东印度公司管理印度的

1　即将人拴在炮口，再用炮轰进行肢解。

体制。1858 年 8 月，英国国会通过《印度统治法》将东印度公司在印度的商业垄断权、统治权剥夺，国会认为东印度公司在印度实行的统治方法欠妥。

1600 年 12 月 31 日因英国女王伊丽莎白一世给予特许状而获得资本暴发的东印度公司终于走到了尽头，取而代之的是兰开夏地区¹的那些棉纺织工业资本家成立的公司。

东印度公司真的解散了吗

一个需要深入思考的问题是，东印度公司就此终结了吗？

实际上，东印度公司在 1858 年并没有完成清算工作。这主要是因为公司对股东的股息要延续到 1874 年。也就是说，东印度公司还要做相关的善后处理事宜。对此，英国政府还专门设置了印度大臣来执掌事务。

1869 年，苏伊士运河开通，使得欧洲到印度的航路大大缩短了，再加上动力能源的革新，如帆船向蒸汽船、木质船向钢铁船的升级，英国到印度的航行便利了许多，以印度为跳板进行的亚洲扩张也变得更加容易了。

现在，问题出来了：这是否说明，即便东印度公司解散了，仍有其他的公司形式介入，延续其殖民掠夺、资本扩张？

需要说明的是，在东印度公司最终完成业务清算后，1877 年宣布，首相本杰明·迪斯雷利将维多利亚女王奉为印度女王，那些活跃在亚洲海域的私营贸易、自由贸易商人们继续以香港等地为基地，继续承接东

1　英国英格兰西北部的郡，是工业革命的发源地，重要城市有普雷斯顿、兰开斯特、布莱克浦、伯恩利等。

印度公司的业务，著名的怡和洋行就是其中的代表之一。

回溯历史，从 18 世纪 60 年代东印度公司开始走下坡路起，到 1813 年东印度公司对印度、中国的贸易垄断权被取消，当种种权力被取消后，东印度公司走向破产就不足为奇了。因为，东印度公司采取的是商业垄断资本形式，这种垄断一旦被打破，再加上公司贪污腐败成风，当工业资本在英国迅速发展壮大，其重要地位就不复存在了。

所以，与其说是印度 1857 年的起义，让英国东印度公司在镇压中耗费了大量的财力和物力而元气大伤，不如说是英国工业革命的向前发展让这样的公司最终被淘汰掉。一个用尽了毕生精力为大英帝国聚敛了无数财富的公司，最终还是逃脱不了被"宰杀"的命运。

当然，东印度公司在发展过程中那些先进的经营理念和制度的革新在今天看来，还是有一定借鉴作用的。

第二章

海盗理论：攫取暴利的戾气海洋时代

我们对海盗的印象可能大多来自于影视作品、臆想以及一些零星的史料。比如，他们是十恶不赦的恶棍，让人闻风丧胆；他们缺少约束，法律在他们面前如一纸空文；他们勇于冒险，追求肆意的享乐和财富。

海盗印象的"覆灭"

海盗初印象

真实的海盗是什么样的？

他们什么时候开始纵横于大洋，为什么他们臭名昭著？当然，还有很多问题，比如他们如何拥有财富，如何分配财物，有没有一套先进的经营和管理理念……

海盗由来已久，古希腊时代、罗马帝国、中世纪欧洲都有海盗。即使在今天，海盗依然骚扰着世界的航道，他们扣押货船、掠夺船上的货物，以人质为要挟，索取巨额赎金。

不可思议的是在特殊时期，某些政府竟然允许海盗对他国海上贸易财物进行掠夺。有这样一种观点认为，大名鼎鼎的弗朗西斯·德雷克、亨利·摩根等也是海盗，相关情节在《海权简史》里讲到过。这里，我们可以将前书里没有讲到的内容做进一步的阐述。

在这些"海盗"背后，竟然有伊丽莎白女王、查理二世的支持，那是否可以说，他们不是海盗了，是属于"合法的""有任务的"在贸易航线里进行掠夺？然后，他们因功劳巨大，被王室封爵，身份洗白了？弗朗西斯·德雷克成为爵士，成为伊丽莎白女王的座上宾；亨利·摩根成为牙买加副总督……

我们通常以为成为海盗的人很多都是因生活所迫，但这不是绝对的，像臭名昭著的威廉·基德船长，他之前不是海盗，只因和英国东印度公司的董事们起了冲突，才成了海盗。

有相当多的海盗来自奴隶，他们被东印度公司强行装上海船，成为海上囚徒，在航行途中被海盗截获。他们不会害怕，反而觉得幸运，是选择继续当奴隶，还是成为自由的海盗？他们索性选择了后者。

是的，奴隶的命运实在悲惨，但成为海盗或许是当时更好的选择，在海盗繁盛时期，海盗船员里有四分之一以上都是逃跑的奴隶，甚至还有不少的奴隶因为才干卓著，成为独当一面的海盗船长，他们威胁着各海域的不少地方，并且这样的威胁还在不断扩大。

比如就有厉害的海盗势力波及背风群岛[1]，他们还反复封锁南卡罗来纳，给英国海外殖民地经营带来很大的困扰。有些海盗在"这样的时代"里积累了惊人的财富，而政府拿他们"丝毫"没有办法。这一点，我们可以从百慕大的代理总督在 1718 年的一段描述得到证实："黑人最近变得无

1　位于加勒比海东北端，由小安地列斯群岛中的玛格丽塔、库拉索、博奈尔和阿鲁巴 4 个岛屿组成。

法无天、胆大妄为，我们有理由怀疑他们即将反叛。"

　　又如巴哈马的海盗，他们在鼎盛时期曾一度阻断英国、法国、西班牙同海外殖民地的联系，他们切断贸易路线，又让人无力阻止，他们成功地制止了贩卖奴隶到美洲与西印度群岛的大型农场，并中断这两块大陆之间的信息交流。英国政府派出皇家海军去抓捕他们，但一无所获，到了后来，皇家海军甚至对他们产生了恐惧心理。

　　海盗是王室在政治争夺中的重要势力，他们为王室人员所扶持，因此，海盗财富积累变得更容易了。比如安妮女王去世后，对于王位继承就出现了争夺。安妮女王同父异母的弟弟詹姆斯·斯图亚特就因垂涎王位与海盗进行勾结，暗中培养势力。

　　由于詹姆斯·斯图亚特是天主教徒，所以没有资格取得王位[1]。这一规定下还闹出了非常奇葩的事件，像亨利八世[2]本来是个虔诚的天主教徒，为了能有个儿子继承王位，他想出了一个很有意思的法子，先与凯瑟琳王后离婚，但此法被罗马教廷拒绝，未能成功。于是，他跟教廷决裂，创立了一个可以离婚的宗教。

　　回到詹姆斯·斯图亚特这里，能继位的是新教徒乔治一世。只是，乔治一世是德国王子，他对英格兰没有太大的热情，最重要的是他有语言障碍，不会说英语，也不想去学。相比之下，他更喜欢所谓的贵族语言——法语。

　　于是，很多英国人就不愿意了，他们依然效忠詹姆斯与斯图亚特家族，这其中就有不少的海盗，或者后来的海盗。这都是牙买加总督阿奇博尔德·汉密尔顿扶持的，而他就是斯图亚特家族坚定的支持者。他的最终目标很明确，利用海盗的势力支持那些想推翻乔治一世的起义。这样看来，

1　详情可以参阅《王位继承法》相关内容。

2　都铎王朝第二任君主。

这些人不只是那些酒馆的闹事之徒。想要让这样的海盗为人所用，背后给予的财富、特权一定不少。

正是由于海盗给当时多国政府带来不小的麻烦，他们把海盗说成是极度危险的人物，像杀人狂、强暴犯、怪物、虐待狂……

这里对海盗印象的论述不过是建立在个体或群体上，若上升到一个国家来看，我们又会有新的发现。

比如 16 世纪到 17 世纪的英格兰，200 年的资本积累造就了之后的大英帝国，"日不落"的荣耀不是想有就有的，不可否认，英国的工业革命，使其国力的强盛能称霸世界，成为世界的中心。

但是，这里面的资本——工业革命的资本有相当一部分是来自于海盗带给国家的掠夺品，也就是说，这属于海盗财——国家在某种程度上是"允许的""鼓励的"。如果我们还有一些疑问，不妨来看看英国对海盗的称谓和定位。在称谓上海盗叫海犬；在定位上，海盗不是罪犯，俨然已成为备受推崇的英雄。

这样看来，海盗合法化、正当化了。实际上，英国为了让海盗的行为官方化，提出了一系列很有深意的说法，比如冒险家、航海家、冒险商人……更有意思的是，历史学家们还将英国王室的海盗船叫作私掠船。

换句话说，海盗的行为一旦与国家利益相融合，他们就被冠以探险家、冒险商人、英雄的美誉。而一旦海盗们的掠夺行为没有与国家利益相融合，那就是被人痛斥的、非法的，是要受到审判定罪的。

从伦敦市中心沿着泰晤士河畔走，到达原格林尼治天文台的周围就可以找到国家海洋博物馆。在这里，我们会看到在本书系列第一部里讲到的那个"英雄人物"——弗朗西斯·德雷克，他被誉为"伊丽莎白女王时代的探险家"，在很多读物里，也将此人说成是"发现新大陆时代英国最伟大的海洋探险家"。而此人——弗朗西斯·德雷克是鼎鼎大名的海盗、掠夺王，一生致力于同西班牙、葡萄牙为敌，打劫宝船、掠夺了大量的财宝，伊丽莎白女王还册封他为爵士。

我们再来看看臭名昭著的东印度公司，它不断拓展、扩张、掠夺，从而形成了以海外贸易支配世界市场的国家战略。海盗们——冒险家们——航海家们……他们有了活跃在航线贸易的舞台和空间。其茶叶贸易、咖啡贸易、香料贸易都与海盗有着密不可分的关系。在相对和平时期，海盗们在贸易上扮演着商人、冒险家等身份，一旦发生战争，他们又很快成为战斗力超强的特殊部队。

▲1880年钢版画《伊丽莎白一世加封弗朗西斯·德雷克为爵士》，出自《英格兰与苏格兰历史》

这样的境况一直延续到 19 世纪，英国能支配整个世界的海洋，海盗的功劳不容忽视。而在英国伦敦金融街，那些掌控金融市场的也不乏海盗出身者，其海盗商务的特质也是大家心照不宣的。

海盗对国家的作用

至此，我们对海盗的印象是否已经"覆灭"？他们的真实面貌如何？他们来自哪里？他们如何掠夺财富？

太多的问题纠结于心，我们似乎找不到现成的答案。那么，不妨重回到海盗盛行的年代，在那里或许我们能找到"答案"。

对于"盗"，我们可以说强盗，也可以说侠盗。后者就有意思了，"侠"往往和"义"相搭配，而"侠义"和"盗"相组合，我们会不自觉地想到一句话：盗亦有道。像著名的海盗山谬·贝勒米就自称"海上罗宾汉"。这主要是由于他的行事风格有别于其他海盗，比如他会将自己的旧船给俘虏逃生。

我们还是看看被英国视为英雄的海盗弗朗西斯·德雷克吧！应该说，亨利八世和伊丽莎白一世时期的英国算不上富强，甚至可以说是比较贫穷的。更让英国郁闷的是，16 世纪末，荷兰因重视海洋，从而一跃成为 17 世纪的世界经济霸主。英国怎能不着急？再者，对于像英国这样的国家，其前进的脚步不容阻挡。

当时，英国因出口羊毛、羊毛织品、各种鱼类已经尝到贸易带来不菲利润的甜头。如英国通过著名的安特卫普港口，将这些商品流通到波罗的海沿岸地区和大陆内部，甚至还跨越艰难险阻，到达了波斯地区。因此，安特卫普很快成为 16 世纪欧洲商业和金融中心，繁荣可想而知，就算到了现在也是颇负盛名的世界钻石加工中心。很显然，英国出口这些产品的目的就是拿由此获得的利润再去购买具有暴利的畅销商品——胡椒、香料等。

然后，他们带着胡椒、香料等进入到伦敦市场。就这样，许多的商人变得富裕起来，而这个国家也收益颇丰。于是，在安特卫普和伦敦成为财富的诞生地，很多商业精

▲ 弗朗西斯·德雷克

英、资本家、金融行业者、梦想家、淘金者……当然，还有海盗，他们聚集在泰晤士河北岸的城市，而这里也顺势成为著名的金融街。

然而，即便如此，在当时拥有强大经济实力的西班牙、荷兰眼里，英国不过是一贫穷的国家而已，在面对他们的压制和排斥方面显得力不从心。除了经济方面陷入困境，在政治方面，那些源自周边国家的威胁也日益逼近。其中最尖锐的莫过于天主教和基督教新势力的对立，尤其是作为天主教派盟主的西班牙武力入侵英国的可能性极大。

另外，来自法国的威胁也不容忽视，法国试图利用苏格兰玛丽女王来实现间接支配的野心逐渐暴露出来。当时苏格兰玛丽女王的丈夫弗朗索瓦二世去世，随后，她回到了英国。法国是想通过相关的王位继承法，试图间接掌控英国。

由上所述，经济、政治两大方面的原因促使英国必须强大起来。在经

过多方面的探索后，英国认为勇往直前地推进海盗行为，不失为一种快捷的方法。对此，伊丽莎白女王表现出浓厚的兴趣，甚至下令在全国发掘具有强烈冒险意识、能力超群的海盗，然后由其亲信组建海盗船队，在各大远洋航线上实施贸易抢劫。而抢劫的主要对象就是西班牙和葡萄牙的船只。

我们说时势造英雄。很多著名的海盗就是在这样的境况下诞生了。西班牙和葡萄牙的船只就像是英国的提款机，那些"皇家海盗"就像是取款的人。

作为海盗，可能没有比弗朗西斯·德雷克更幸运的了，他深受伊丽莎白女王的信任和爱护。当然，在这背后根本的原因是他能给自己和英国带来巨额的利益。

我们来看弗朗西斯·德雷克到底为英国带来了多少财富。

大约是 60 万英镑，当然可能有一些出入，根据当时英国的国家预算20 万英镑来看，弗朗西斯·德雷克带给英国的财富相当于国家三年的预算，而这些都是海盗所创造的。他以海盗之力解决了伊丽莎白女王的大麻烦，因为当时宫廷的维持与运行出现了很拮据的境况，在海盗财富未进入之前，英国不得不从安特卫普等地的海外金融商手里借款。有一点需要说明的是，这些财富有差不多一半进入了伊丽莎白女王的私囊，剩下的其中一部分用于针对东方贸易公司的成立资金。

可以这么说，如果没有以弗朗西斯·德雷克为代表的海盗们为英国带来的巨额财富，就没有后来英国作为贸易立国的经济基础，而英国王室的财政困境极有可能得不到妥善的解决。

海上生活

作为补充，这里有必要说一些关于海盗在海上的真实生活场景。

为方便叙述，我们从一些海域的视角去窥探海盗生活。比如在加勒比海和大西洋的海上，16 世纪到 17 世纪间，那时候的木质船是非常脆弱的，绝非今天的一些影视作品所呈现的那样坚不可摧。因强风大浪的激荡和海水的浸泡作用，船体很容易变得松松垮垮。

若是只有一艘船出行，那纯属个人英雄主义泛滥下的找死，而偏有许多不信邪的海盗就这么做了，往往就在大海中下落不明。因此，聪明的海盗会采用舰队的形式出海，像弗朗西斯·德雷克的舰队由 5 艘船组成，其中主力舰为 3 艘，但也不过 100 余吨而已。

早期的航行由于没有正确的航海图，他们只能沿着季风流向航行，时常会出现与暗礁相撞的情况，而船体因不时受损，不得不中断航行修船，试图定下归期是不现实的。

关于船上的生活，大多数船员都认为如同地狱。有人认为船员甚至比农场劳工的地位还低。历史学家戴维·奥格曾这样说道："……和罪犯几乎没有什么不同。"著名作家塞缪尔·约翰逊在书中也言："……他们的命运与囚犯十分相似，只是还多了溺死的可能性。"

这还不是最可怕的，最可怕的是肉体、疾病、精神上的折磨。

水手因长期搬运沉重货物，会得一种叫"爆炸的腹部"的病，这种病实际上就是疝气，按照医学上的解释，是人体内某个脏器或组织离开其正常解剖位置，通过先天或后天形成的薄弱点、缺损或孔隙进入另一部位，极有可能发展成肠道坏死！水手们在搬运沉重货物时，若货物滚动出来——大多数货物是装在桶里的，造成的危害，像断指、压断四肢等惨剧也时常发生。

当船航行时，水手们必须定期调整各式各样的船帆，而调整的方式是在甲板上用绳子拉，或者爬上高耸的桅杆进行调整。一个叫巴洛的水手曾这样回忆道："我们常睡不到半个小时就被叫醒，半醒半梦之间，被迫跑到主桅平台或前桅平台拉住我们的上桅帆，一只脚穿着鞋，另一只脚则没有……风雨交加时，船只晃荡起伏，就好像巨大的魔石在山坡滚来滚去，我们必须……用力拉，抓紧船帆，什么都看不到，只有上方的天空和下方的海，大海波涛汹涌，似乎每一股波浪都能让我们葬身海底。"

是的，有很多水手落海丧命，有的被海浪冲下甲板，有的被倒下的索具压垮。

气候的复杂与多变，也让船员们苦不堪言。他们大多穿着羊毛衣抗寒，戴着皮帽与沾过焦油的外套抵挡浪花和风雨。即便如此，在冬季气候下这些衣着似乎起不了太大的作用，他们会好几天穿着湿透的衣服，并因此染上疾病。我们不妨来看看牙买加的一位叫汉斯·斯隆的医师在 1687 年对"援助"号船员的病检报告：整船的人全身红透，身上长出小疹子、脓疮与水泡。

海员们拥挤在密闭狭窄的船舱很不舒服，这里除了拥挤外，还是船晃动最厉害的地方。在黑暗与通风不良的空间里很难想象有那么多人住在一起，更何况还是睡在一排排的吊床上。这或许还不是最难受的，最难受的是船员们长期不洗澡散发出的酸臭味，再加上舱底的污水味，当它们混合在一起，简直让人作呕。另外，虱子、老鼠、蟑螂以及斑疹、伤寒、瘟疫等的骚扰与感染让很多船员相继死去。

根据一位命硬的经历者戈特利布·米特尔贝格的叙述，我们可以得到更加真实的情况，他曾在 1750 年横越大西洋。他说："船舱就是一个充满恶臭、怨气、恐惧、呕吐、多种海上疾病、热病、痢疾、头痛、热气、肺痨、皮肤肿坏、坏血病、癌症、口腔溃烂的地方，这些全都源自过度腌制的不新鲜食物与肉类，以及恶臭腐败的饮水，许多人都痛苦地死去。"

显然，食物是他们重病的原因之一，想想那些腌制过的牛肉、猪肉，他们从桶里拿出来时最好的状态是又干又硬的。然而，这种状态成为少有的奢侈，大多数时候已经腐败了，甚至已经长满了蛆。饼干或许要好一些，然而在放置稍长时间后，在食用时最好的办法就是闭上双眼，真的是应了那句"眼不见心不烦"啊！

在海上航行几周，原先准备的淡水会变成绿色，并散发出难闻的气味，从而引发致命的痢疾和血痢。后来，他们改为尽量不喝水了，而是喝大量的酒，我们在影视中看到那些船员或船长喝得醉醺醺的，也算是一种"真实的反映"。如果试图不吃食物，等待船员的将是快速的死亡。因此，有食物比没有好，就算是食物已经变质得恶心发臭了。

1729 年，一艘从伦敦德里出航到波士顿的"凯瑟琳"号，出发前船上一共有 123 名船员，然而在 6 个月后，"凯瑟琳"号在爱尔兰西部的一个海岸停靠时，船上只剩下 14 人还活着。不敢往下想，若到达目的地，还有多少条人命？"罗索普"号也是在 1729 年出航的，到达费城只有 90 人还活着，在途中有 100 人饿死，船员仅剩 3 人。

人死了或许就一了百了。有时候就怕死不了还要忍受非人的折磨。如果遇到没有人性的海盗船长，所遭受的岂只是身体的痛楚，还有精神的摧残。

根据海事法庭的审判记录，我们可以从中窥探出一些场景。船员若弄丢船桨或掌舵不稳，被鞭子抽打、被棍棒殴打是家常饭。很多"犯事"船员的牙齿、眼睛、手指没有了，甚至还有人失去了生命。

一个叫查理德·贝克的船员在从圣克里斯托弗到伦敦的航程中，只因患了痢疾卧病在床，但船长没有丝毫怜悯之心，竟然强迫他掌舵长达 4 小时，之后又把他绑在后桅上残忍地鞭打，4 天后，他死了。

"山脊"号船上，一个叫安东尼·康默福德的船员因被控偷窃了船上的一只活禽，结果被绑在索具上被九尾鞭[1]活活打死。

很难想象，海盗在海上的生活会这样龌龊，也很难想象还有船员能活下来。当然，这只是一部分海盗，丝毫没有以偏概全的意思。据说，那些从事黑奴贸易的海盗船队，一次航程下来船员和奴隶的死亡率是差不多的。他们既有被虐待而死的，也有因热带疾病而死的，他们死于海上，尸体被抛入海中。因此，在出发前，船长会多带船员，以便在人力不够的时候能迅速补上。

或许有人会问，船员们可以不上船啊，但生活的压力迫使他们不得不上船，活下来就有希望。更何况，船长会以"扣住钱，扣住人"的理念来控制船员流失或逃跑。

长期的远洋航行需要在出发前做好相对充足的准备。

比如食品类，常见的有饼干、小麦、红酒、牛肉、猪肉、鱼、牛油、奶酪、蜂蜜等。

又如材料类，常见的有木材、煤炭、蜡烛、提灯、皮革衣物、各类餐具等。

1　也叫九尾猫，是一种多股的软鞭，该刑具通过对皮肤的扯破，从而让受刑者产生剧烈的疼痛感。

另外，在航行中为了获得新鲜的饮用水，若发现有海岛就是非常幸运的事了。因此，携带上登陆海岛用的小型船只是不可或缺的。我们在影视中看到海盗船队的船尾大多都拽着小船也是很真实的情境再现。

　　尽管本章节有尽可能对海盗印象详尽描写的野心，但终是管中窥豹，对于海盗印象的覆灭与否，读者自有感受了。

　　而那些淹没在历史长河里的海盗们，又有多少隐秘的事件发生呢？或者他们在海上贸易中如何聚敛财富呢？

　　时间将倒流到他们的黄金年代。

黄金年代的海盗王

大海盗弗朗西斯·德雷克

弗朗西斯·德雷克特别喜欢打劫西班牙的宝船。这源于他之前差点死在西班牙总督的手下，即著名的圣胡安港事件。

西班牙可能做梦也没有想到这次事件后与英国结下了不解的梁子。在今天的玻利维亚，那里盛产"银"，当时（16—17 世纪）的白银作为通用的货币在世界流通。因此，拥有了数不尽的白银就等于征服了世界。像日本的岛根县石见银山，就以盛产白银而闻名。葡萄牙在东印度购买香料时，用的货币就是白银。

在 1545 年开始开采的波托西银山就成为西班牙王室财富的重要来源。西班牙当然知道这条航线的重要性，航线被严格管理、绝对保密，而打开这条绝密航线的就是弗朗西斯·德雷克。

现在，让我们来看看这条当年被西班牙视为绝密的财富航线：

一、采用陆运的方式将波托西银山开采出来的银矿运至阿里卡港口[1]，再经过卡亚俄港口[2]海运到巴拿马港口。

二、在巴拿马港口卸货后，采用驮运的方式——主要是骡马，将银矿从太平洋口岸驮到加勒比海岸（这里是比较危险的区域，海盗出没，早期由于少有人知，因此很安全，西班牙没有军队护送），途中会经过巴拿马地峡。

三、再用帆船航运到西班牙海外殖民地古巴岛哈瓦那港[3]，至于为什么要运到这个港口，是因为在这里还要装载从南美和加勒比海采掘到的金银。

四、当所有金银都集中到哈瓦那港后，西班牙的大型护送舰队在装载完成后，在王室海军的护卫下运至西班牙本土。

至此，航程完成。

当西班牙的宝船运到古巴岛后，弗朗西斯·德雷克想要打劫这些财富几乎不可能。因为，当时古巴的要塞迟迟攻打不下来。更何况当时英国的海盗船还不具备袭击西班牙护卫舰的力量。因此，想要打劫财富，只能从外围或落单的船只下手。

聪明的弗朗西斯·德雷克曾多次出没在加勒比海，目的是为了搜集西班牙殖民地的情报。他甚至推测思考，加勒比海一定是西班牙运输白银的必经之地，因此，只要在这一航线进行充分了解，就可以掌握西班牙宝船的大致运输航线，从而提高袭击的成功率。

1　属智利太平洋岸最北的港市，位于阿塔卡马沙漠北缘，北距秘鲁边境20千米。既是智利与玻利维亚、秘鲁三国间商业贸易中心，又是玻利维亚进出口的最大转运港。

2　秘鲁首都利马的外港。

3　始建于1519年，西印度群岛的著名港口。

于是，他带领船队从西班牙银矿运输线的据点巴拿马，沿着南美大陆的太平洋海岸北上，并伺机打听波托西银山周边的情况，也随机袭击西班牙的宝船。

事实证明，他的推测和思考是正确的。西班牙殖民地寄往西班牙本土的报告书中，就时常有被弗朗西斯·德雷克船队袭击的内容。

1579 年 3 月，在经过赤道不远处，弗朗西斯·德雷克船队发现了西班牙的大型运输船"卡卡菲戈"号，并成功地实施了打劫。其实，"卡卡菲戈"号并不是偶然被发现的，而是弗朗西斯·德雷克船队在袭击中得到的信息。具体来说，他的船队隔三岔五地袭击遍布在南美大陆太平洋沿岸的西班牙殖民地。这一次，西班牙的"卡卡菲戈"号共损失 26 吨白银和 80 磅黄金。

弗朗西斯·德雷克为什么能成功？实际上，葡萄牙出身的领航员起了关键作用。1577 年 12 月，弗朗西斯·德雷克的船队从英国南部的普利茅斯港口出发，大约经过了两年 10 个月的环球航海行动，回到英国是 1580 年 9 月。

从出发开始，弗朗西斯·德雷克是没有把握的，并且前途生死未卜。在帆船航海时代，一切都由季风决定，中途停止航行几个月，时间更长甚至迷航的情况时有发生。弗朗西斯·德雷克船队的航行路线是这样的：

从普利茅斯港出发到佛得角群岛，然后经过麦哲伦海峡，到达南美洲大陆南端；从智利和秘鲁，顺着太平洋沿岸北上到达巴拿马、旧金山附近，也就是到达了北美大陆，之后横渡太平洋到达菲律宾、印度尼西亚附近，即东南亚海域，随后横渡印度洋至好望角，到达非洲大陆南端，最后从非洲大陆西岸附近北上大西洋回到普利茅斯港。

虽然弗朗西斯·德雷克有过在加勒比海的航行经验，但是船队南下大西洋到达麦哲伦海峡等海域，他完全没有经验。这时候，葡萄牙出身的领航员携带的有葡萄牙语、法语、英语三国语言的海图起到了重要作用，于是，船队成功地穿越了麦哲伦海峡，到达南美大陆。

这里，我们会产生一个疑问，就是这个葡萄牙出身的领航员何以为弗朗西斯·德雷克所用？原来，在这次环球航海中，有一个岛非常关键，它就是大西洋上的佛得角群岛。该岛是著名的中转站，为葡萄牙所辖，位于西非海上，现在塞内加尔首都达喀尔附近海域。南下太平洋必经佛得角群岛，它著名的中转站美誉由此而来。

更重要的是，从事东印度贸易的葡萄牙商船大多停靠在此口岸，是各种信息的汇聚地，更是南美大陆航海的中转站和补给基地。聪明的弗朗西斯·德雷克决定对这里进行袭击，这次袭击很成功，除了获得大量的食品和红酒，还俘获了葡萄牙船长和船员。因此，弗朗西斯·德雷克船队的领航员有葡萄牙人就不足为奇了。

葡萄牙人果然厉害。他们建议放弃西北航线，这条路线就是一条死亡之旅。于是，弗朗西斯·德雷克采用葡萄牙人建议的路线，利用偏东的季风横越太平洋，再航海至菲律宾南部的棉兰老岛、印度尼西亚的马鲁古群岛、爪哇岛南部附近，这样就可以成功穿越印度洋。

在离开印度尼西亚后，弗朗西斯·德雷克的船队借助季风的作用，平安地渡过印度洋，绕到非洲南部的好望角，然后一路北上到大西洋，最后回到普利茅斯港。

在大西洋和加勒比海，因为有弗朗西斯·德雷克船队的出没，损失最大的是西班牙。这是西班牙宝船的噩梦。为了打击英国支持下的海盗活动，西班牙派出间谍人员，这些间谍监视着出入普利茅斯港的船只，后来他们发现只要该港口出发的大型舰队，一出海就会摇身一变成为穷凶极恶的海盗。

当然，像弗朗西斯·德雷克这样为英国效力的海盗绝不止一位。像托马斯·卡文迪什，26 岁就能做到环球航行，并被女王授予骑士称号；爱德华·芬顿开辟东印度航线功不可没；从麦哲伦海峡到太平洋航线的开辟者约翰·奇德利、查德·霍金斯……这些海盗为英国的财富积累起到了较大的作用。因为，即便是英国已经建立了东印度公司进行贸易，也不能完全满足国内发展需要。至少在成为经济强国之前的 200 年，英国依靠海盗积累了大量的财富。

海盗模式

私掠船的盛行下诞生了很多厉害的海盗。牙买加的罗亚尔港就是海盗神出鬼没的地方。海盗们掠夺的财富大得惊人。这里以加勒比海盗一个人的一次狂欢消费来进行说明，费用大约是两三千枚八里尔银币，相当于 500—750 英镑。在加勒比海盗逐渐势弱的数十年间，牙买加商人意识到私掠船带来的巨额利润，这些商人通过掠夺西班牙在巴拿马与特立尼达岛的殖民地，使得西班牙损失惨重。

弗朗西斯·德雷克在 1585 年组建了远征加勒比海的海盗舰队。舰队的目的是袭击东印度的马鲁古群岛，以便为英国在葡萄牙支配下的东南亚建立海外据点做准备。然而，舰队在航行途中得知马鲁古群岛盛产香料，利润极为可观。英国产生了将马鲁古群岛据为己有的想法。换句话说，英国想独占香料贸易。

于是，为了拿下马鲁古群岛，英国组建了辛迪加式（即联合组织的意思）的投资集团。至于为什么采用这样的形式，主要是因为当时很难找到一次性投入巨额资金的独立个人，而采取多人组织投资的方式无疑是最符合实情的，况且，以国家的名义去组建海盗式的舰队，不是一件光彩的事。

1584 年，集团投资者们制订了合同，我们来看这份合同里的投资者名单以及投资金额：

投资者		资金额	投资舰船
伊丽莎白女王		10000 英镑	2 艘皇室帆船
弗朗西斯·德雷克（海盗）		7000 英镑	不详
莱斯特爵士		3000 英镑	不详
约翰·霍金斯（海盗）		2500 英镑	不详
威廉·霍金斯（海盗）		1000 英镑	不详
雷利爵士		400 英镑	不详
备注	总计金额	40000 英镑（加上投资的船只）	
	国家预算占比	约占 20%	

这里需要说明的是，由于伊丽莎白女王投资的帆船已经破旧不堪，不具有战斗力，但由于她提供的帆船属于皇室，因此其投资额会追加。也就是说，在日后分配战利品时会得到更多（战利品的五成分配给女王）。而且合同中还规定马鲁古远征舰队的总司令是弗朗西斯·德雷克，舰队由 15 艘帆船外加由其拖拽的 20 艘小型船只组成，船员人数为 1600 名。航行路线由女王和弗朗西斯·德雷克绝密掌控。

1582 年 9 月，远征马鲁古的舰队出航，总共花费 9 个月的时间。从时间上来看，这次远征可谓一波三折，最后连目的地也更改了，改成加勒比海。具体原因不难分析：

第一，目的地马鲁古群岛航程遥远，危险系数无形中增大；弗朗西斯·德雷克有在加勒比海的掠夺经验，且极有可能截获西班牙的宝船，这样可以减少女王的投资风险。

第二，当时荷兰的新教徒正在设法摆脱西班牙独立出来，更重要的是女王也支持荷兰。

第三，倘若发生大规模海战，需要对弗朗西斯·德雷克舰队的抽调，而主力舰船有部分需要维修。

就这样，弗朗西斯·德雷克——以英国崛起战略为中心的"海盗模式"让西班牙无法见招拆招。

1587 年 4 月，弗朗西斯·德雷克的舰队又开启了掠夺式的财富之旅。从普利茅斯港出发，这次舰队驶往伊比利亚半岛，而最初的想法是袭击与西班牙合并的葡萄牙港口城市——里斯本，不过由于得到了间谍传来的更有价值的情报，随即做出了航行调整，因为在西班牙南部的加的斯港停泊了许多大型的商船。

于是，航行目的地改为加的斯港。不久，弗朗西斯·德雷克成功地实施了类似于日本偷袭珍珠港式的战略。虽然这里使用"战略"这一词有拔高的嫌疑，且弗朗西斯·德雷克在日后谈论此事时仅轻描淡写地说，不过是"烧焦了西班牙国王的胡子"而已。

但是，西班牙的确遭受了巨大的损失，内心窝火不已。他们大意了，以为没有悬挂英国国旗的弗朗西斯·德雷克的舰队是从荷兰远征归来的舰队。就这样，停泊在加的斯港的商船毫无防备，无一幸免地被劫掠、破坏、焚烧。

弗朗西斯·德雷克是睚眦必报的家伙。除了获得大量的战利品，船舱装满了黄金、武器弹药、红酒、饼干、油、干果等，弗朗西斯·德雷克将精通海事的西班牙海军人才全部编入自己的作战舰队。

这样的掠夺、破坏、焚烧，可以明显看出弗朗西斯·德雷克已经将私人仇恨上升到对西班牙的战略进攻了。

在加的斯港大获成功后，弗朗西斯·德雷克顺路航行到大西洋上的亚速尔群岛，这次西班牙损失惨重，因为"圣菲利普"号正航行在被称为"东印度"的东南亚的回程中，当时，它正停泊在亚速尔群岛，船上装满了黄金、白银、丝绸、香料、瓷器等。

弗朗西斯·德雷克的目的不仅是要掠夺大量财富，还要不断提升舰队的战斗能力，他依旧采取收编西班牙海军，将自身的破旧帆船扔弃，更换为先进的西班牙帆船的策略。这正如日本学者竹田勇所说："英国海军和商船的近代化很大程度上是依靠掠夺西班牙高性能帆船而实现的。"

面对弗朗西斯·德雷克的疯狂掠夺，西班牙国王愤怒了，决定派出最精锐的舰队追击，誓要给他点颜色瞧瞧。只是，事与愿违。

更致命的是，之后西班牙似乎派不出具有强劲作战能力的将领了，西班牙陷入被最终拖垮的尴尬境地。

多次成功打劫西班牙宝船，让女王以及其他投资者获益颇丰，弗朗西斯·德雷克一下子跃升为英国的英雄人物。但是，他毕竟是海盗，其获取的财富有没有私藏在茫茫海域的某些地方？也许只能成为一个永远的谜了。

海盗时代的终结

西班牙毕竟是雄霸多年的海上霸主，面对损失不可能没有作为。

西班牙与英国之间迟早得有一个了断。1603 年，伊丽莎白女王去世，苏格兰的玛丽女王的儿子詹姆士一世成为英国国王。1604 年两国决定讲和。

但在之前，英吉利海峡和多佛尔海峡战争是双方轮番表演的舞台。伊丽莎白女王对于海盗式的掠夺表现出狂热的态度，哪怕遭遇了失败也在所不惜。西班牙的怒火已经不可抑制，特别是加的斯等重要港口在遭遇偷袭后，加强了对本土的防御。对此，伊丽莎白女王和弗朗西斯·德雷克制定出以下对策：

一、对那些回归到西班牙本土的无敌舰队继续实施毁灭性的打击。

二、继续打劫西班牙宝船，以填补财政的短缺。

然而，弗朗西斯·德雷克毕竟是海盗，他有他的行事风格，就算上有女王的权力威慑，他对袭击西班牙的方式有着自己的想法。1589 年 4 月，伊丽莎白女王决定对西班牙本土实施毁灭计划，即对里斯本进行最严重的破坏。

这是不现实的，可以看出女王速战速决的求胜心理是多么迫切。为了实现这个计划，她和弗朗西斯·德雷克组建了一支前所未有的联合舰队，由弗朗西斯·德雷克任舰队总司令。这支联合舰队由皇家海军和陆军组成，船员和士兵 23000 名，最初女王打算提供 20000 英镑的支持，但最终提供了 50000 英镑的支持，此外还有 6 艘皇家帆船。

伊丽莎白女王表现出信心十足、势在必得的姿态。

按照原定计划，弗朗西斯·德雷克先袭击西班牙本土的比斯开湾的港湾城市桑坦德，然后才是攻陷里斯本，实施毁灭计划。然而，历史就是这么的出人意料，弗朗西斯·德雷克竟然违背女王的命令，没有袭击桑坦德，而是采取了跳跃式的激进策略，从港口城市拉科鲁尼亚下手。虽然不知道他这样做的目的何在，可能是太过于自负了吧。

自负是可怕的，这次英国失败了，败得一塌糊涂。

女王大幅度削弱了由弗朗西斯·沃尔辛厄姆指挥的间谍活动预算，战争中信息与情报的重要性就这么愚蠢地被忽视了。而西班牙的顽强抵抗，加之对里斯本的要塞构筑，让英国损失了 17000 名船员和士兵，而原本的计划通过陆地和海上进攻里斯本也因这次的失败而搁浅。

　　史上最大的联合舰队失败了，生还的船员和士兵不到 6000 人。付出了那么高昂的代价，得到的战利品仅有 30000 英镑，别说给投资者分红了，连船员和士兵的酬金也不够支付。

　　不可一世的弗朗西斯·德雷克这次沮丧万分，他回到普利茅斯，少言寡语，他决定修筑普利茅斯港口要塞，并完善相关基础设施的建设。

　　弗朗西斯·德雷克或许想过在普利茅斯了此残生，但他不甘心，想做最后一搏。于是，他向伊丽莎白女王请战，远征加勒比海，而女王也希望他能借此翻盘。

　　1595 年，弗朗西斯·德雷克协同其亲戚约翰·霍金斯出征加勒比海，打算袭击并掠夺西班牙在这里的殖民地。这次的主要目标是拿下西班牙财富航线中的重要中转站巴拿马。经过上次的失败，英国皇室陷入沉重的财政危机。这次是下了血本了，辛迪加式的投资最终还是形成了。我们来看女王的巨额投资，6 艘皇家帆船，船员 1500 人，士兵 1000 人。计划在 8 月从普利茅斯出发，到达加勒比海台风季节应该过去了。

　　只是，老天似乎要在历史前进的某个当口开一些玩笑。这次远征天气非常不好，在途中许多船员和士兵患上热病、痢疾、坏血病。更要命的是连他的表兄约翰·霍金斯也在 12 月病死了，弗朗西斯·德雷克悲痛欲绝，他感到了从未有过的绝望。第二年的 1 月，他在船上死亡，被殓入铅制的棺材沉入加勒比海海底。

弗朗西斯·德雷克死后，很多人相信他在加勒比海域一定藏有巨额的财宝，以至于在之后的几百年里，不断有人潜入加勒比海海底，试图找到财宝，可惜所有探索活动都无功而返。

黄金年代的海盗能做成像弗朗西斯·德雷克这样的，只是少数。他对海洋及财富掠夺的向往，正如他所说："任何伟大的事迹都必定有它的起点，但唯有坚持到最后才能获得真正的荣耀。"

弗朗西斯·德雷克死后，英国的海盗就绝迹了吗？

非也，最直接的证据就是当时的英国除了毛织物能出口外，暂时没有更多的商品。因此，在当时还不能以贸易作为立国战略。

而英国通过鼓励、奖励海盗掠夺财富的计划也没有停止下来。

1655 年英国入侵加勒比海的重要岛屿牙买加，西班牙几乎退出在这一海域的舞台支配。

17 世纪中期，英国出于国际政治形势的考虑，国王查理二世逮捕了当时在加勒比海的大海盗亨利·摩根。

这位传奇人物的影响力与弗朗西斯·德雷克有的一比。据说，他 23 岁就当上了海盗首领，所到之处财宝掠尽，留下的是一座座的地狱之城。西班牙人对他恨之入骨。这个残暴的海盗在 1674 年竟然成为英国在牙买加的总督，从此成为清剿海盗的英雄，享有国王赐予的骑士称号。

在英国，因海盗战略的成功实施，国力逐渐增强，在西班牙海上霸权逐渐丧失的情况下，与荷兰又进行了三次战争，到了 18 世纪，英国原先依赖海盗带来收入的国情，终于出现了能逐步摆脱的局面。英国转而制定出以贸易立国的发展经济蓝图。

后来，英国制定了海盗取缔法，对那些大肆掠夺的海盗予以打击。看来，海盗的黄金年代，是要终结了。

海盗财富的来源及积累形式

财富的来源

当达·伽马发现了东印度的航线，以此为契机的贸易船队逐步构架了从印度到东南亚的贸易圈。这贸易圈后来还包括了中国、日本。

然而，在这样的贸易构架里，更多的海上财富获取方式呈现出的不仅仅是单纯的鲁莽掠夺。海盗有海盗的策略，他们当中也有不少有着大谋略之人。

对于财富的来源和积累形式，我们有必要进行一番探讨。

先说资金来源，主要有以下三种形式：

一、海盗们将掠夺而来的物品转手倒卖，也就是进行地下交易。

二、进行黑奴贸易，当然是秘密的，虽然这算是公开的秘密了。

三、成立贸易公司，发展海外贸易。这个不会在海盗中优先使用，因为在当时前两种形式更稳定，并且见效快。据说伊丽莎白的政治参谋，也是著名的星相师约翰·迪伊在 16 世纪末创造出"大英帝国"一词，并描绘了国家发展蓝图，鼓励多成立海外贸易公司。

地理学家、神学家理查德·哈克卢特在 1589 年专门出版了一本名叫《英格兰民族重要的航海、航行和发现》的书，极力强调海外贸易对国家强盛的重要性，并且首推的就是海盗。

我们对海盗的了解不应该是狭隘的。事实上，具备海盗特质的另一张面孔就是那些狂热的"冒险商人"。

冒险商人在远洋上遇到掠夺的船只，比如西班牙和葡萄牙的船只，他们就摇身一变，和海盗没有两样。当然，这里并非绝对，因为大部分冒险商人都来自于上流社会的富裕阶层，也有下层阶级的劳动者。处于上流社会的他们资源更多，可以联盟成立东印度公司、利凡特公司，而一旦在贸易活动中遇到西班牙、葡萄牙的船只就成为贪婪、凶恶的海盗。

因此，这些冒险商人和海盗们一起组建贸易船队，筹集资金，从事海外贸易。我们现在想想为什么有那么多人热衷于海上冒险？就是因为一旦成功，就会获得相当丰厚的利润。这些人不管是商人还是海盗，当他们因投资走在一起就是"冒险商人公司"。最早的冒险商人公司诞生于亨利四世执政时期的 1407 年。这些辛迪加式的投资公司到了后来，即 16 世纪以后就发展成东印度公司、利凡特公司等。

这里可做一些补充说明：在英文表达中，若是以个人为单位的冒险商人，使用小写的"merchant adventure"，而成为辛迪加式投资的冒险商人，则会在第一个字母用大写，即"Merchant Adventures"或者"Merchant Adventures

Company"。

辛迪加式的投资模式是诸如约翰·霍金斯等大海盗，为了组建远渡大西洋或加勒比海的海盗舰队而采用的商业模式，而将这种商业模式向更高级别发展的则是东印度公司。

当海盗们获得国家授权的贸易独占许可证后，就能使得交易合法化。具体的申请步骤是这样的，先向类似于咨询机关的枢密院申请，这里主要是通过其成员而大多是要员的亲信，比如伊丽莎白女王的亲信，女王认可申请后，就授予辛迪加组织特许状，最后贸易公司就成立了。

而作为"代表"支配东印度公司的负责人就是著名的托马斯·史密斯。

还有很多不为我们知道的海盗公司存在。如普罗维登斯公司、莫斯科公司、威尼斯公司、百慕大公司、土耳其公司、西班牙公司、安大路西亚公司、新英格兰公司、弗吉尼亚公司、纽芬兰公司、西北航海公司……这些公司的贸易覆盖了从地中海到大西洋，甚至还延伸到了北美大陆。

海盗、冒险商人的黄金年代，财富如流水般涌入到私人、公司或国家的囊中。

那些海盗或者冒险商人，为了能节省成本，胆大的就几人或者更多的人组建成一支海盗船队，直接在大西洋上袭击、掠夺西班牙和葡萄牙先进船只。胆子小点的，就去租用或购买二手船只。当拥有足够的财富，有的海盗甚至愿意铸造新的舰船。

当贸易船队成功返航后，就可以分红了。具体来说是这样的：

一、扣除船员薪水、购买食品或用品的费用。

二、扣除各种调配、修理（中途或返航）船只等费用。

三、根据贸易（如香料贸易）赚得的利润，按照投资比例给投资者分红。

四、那些在航行途中顺手掠夺的物资，进入市场（如伦敦、安特卫普）贩卖，以获得现金，然后再分红，不过时间需要花费更多，大约一年。

当时著名的海盗和冒险商人，个个富得流油。

比如保罗·白令以掠夺高额货品而闻名，主要活跃在大西洋、地中海东部，他的海盗船"苏珊"号，谁要是遇上，多半在劫难逃，特别是西班牙和葡萄牙人对其恨之入骨；詹姆斯·兰开斯特一次性就可以组建 500 人的舰队，1601 年 2 月从伦敦出发，1603 年 9 月返航——主力舰 4 艘全部安全而归，并且满载从东南亚带回来的香料，以及从马六甲海峡掠夺到的葡萄牙、西班牙船上的高额物资。一时间，詹姆斯·兰开斯特声名四起。

由上所述，海盗们或冒险商人们能拥有大量财富，自身的强悍能力也不容小觑啊！

受欢迎的香料贸易

如前文所提及，可知香料贸易的重要性。海盗们对此也表现出狂热的兴趣。

为什么香料如此受欢迎呢？主要原因有以下几种：

其一，用于美食。香料如胡椒、桂皮、丁香、生姜、肉豆蔻、孜然、牛至、薄荷、藏茴香……这些都是法国菜、意大利菜、中国菜不可或缺的。有了这些，味道、风味会更独特。为了获得这些珍贵的香料，海盗或冒险商人不惜进行血肉争夺，也冒险远洋航行到印度尼西亚等地。我们来看下表所示——

香料	产地
胡椒、桂皮	印度
肉豆蔻	马鲁古群岛的安汶岛、班达群岛、爪哇岛西部等
丁香、肉豆蔻花	印度尼西亚

其二，作为医疗药品，能应对一些棘手的疾病。在当时的欧洲大陆，香料是被当作治疗疾病的药品使用的。比如肠胃和肝脏等内脏方面的疾病，香料能起到较好的疗效。当香料煎熬后服用具有降温作用，也可以用于止泻和安神。据说香料还是一些试图长生不老者所嗜好的。

在一本名叫《香料角逐》的书中，作者吉尔斯·密尔顿描述香料在 17 世纪的欧洲是万人所求的珍品，甚至有人不惜生命也要得到。像肉豆蔻在伊丽莎白女王执政的时候，只因伦敦的医生说它是治疗传染性瘟疫（从打喷嚏开始到死亡）的唯一特效药，一时间，肉豆蔻价格飞涨。因此，海盗和冒险商人通过香料贸易获得巨大的财富，并成为资本家，他们操纵了英国的海外贸易。

其三，为保存肉类食物而使用。欧洲广泛食用肉类，特别是英国的畜牧业很是繁荣，这导致过冬的肉类如果没有良好的保存措施，就会变质，甚至腐烂。使用香料，比如胡椒就可以让肉食得到较好的保存，但由于价格昂贵，因此不算主流，只在上流社会中流行。

其四，香料的更多使用，已经成为生活、工业常需品。这里主要根据一本名叫《东亚香料史研究》的书所做记载进行简单论述，作者是山田宪太郎。

香料类型	主要制法、作用及用途	代表产品
焚香料	用于闻气味，通过加热使其燃烧，然后产生白烟。	白檀、沉香、麝香
香辛料	用于饮食，增添滋味和刺激性，让口味更丰富。	胡椒、桂皮、肉豆蔻、丁香等
化妆香料	用于化妆，将香料混入油脂，使香气渗透出来，或制成香油、香膏，抹在身上，以散发迷人香味。	玫瑰、茉莉、白檀等
工业香料	用于工业或医学，比如染料，像蓝靛取自蓝靛果，将其置于池，用木头压使其不漂浮，而后发酵腐烂，再加入一定比例的石灰，经过一段时间后，再过滤、风干即成。医学方面可止血、解毒等。	松脂、阿拉伯胶、火漆、蓝靛等
备　注	白檀：属印度和东南亚原产的常绿树。	
	沉香：可将热带产的此香木埋在地里，经过一段时间腐蚀，而后制成香。	
	麝香：就是将雄麝鹿的分泌物制作而成的香料。	
	蓝靛：《本草纲目》："淀乃蓝与石灰作成，其气味与蓝稍有不同，而其止血拔毒杀虫之功，蓝靛似胜于蓝。"《本草汇言》："蓝淀，解热毒，散肿结……古方有谓能止血者，乃金疮跌扑，伤损皮肉出血也，一敷即止……"	

　　由于这些香料使用很广泛，特别是香辛料，海盗和冒险商人们纷纷组建贸易船队前往东印度；而为了进口这样的香料，不少国家还专门成立贸易公司，使其成为国家行动，国家财富。比如英国东印度公司、荷兰东印度公司，并且双方为了争夺这些香料，还大打出手，阴谋、阳谋轮番上场。

　　葡萄牙国王曼努埃尔一世是一个对香料表现出狂热态度的执政者，同时他还是个"幸运儿"，因为他几乎没怎么"奋斗"就坐享这个国家的成就和辉煌。在香料贸易方面，他表现出特别的兴趣，打着寻找基督教徒国王的旗号，于1497年派遣瓦斯科·达·伽马去开辟海上航线，1498年，瓦斯科·达·伽马发现了通往印度的航线。继而，葡萄牙建立了属于自己的海上商贸圈。

　　而那些没法掌控此贸易圈的海盗、冒险商人们在一个时期里，就靠抢！抢！抢！特别是荷兰，它的出现如同晴天霹雳，一时间震惊了整个欧洲大陆。

聚集财富的方式

仅仅只有香料吗？

除了香料，海盗和冒险商人们还盯上了马铃薯、烟草、咖啡和红茶。

一个叫沃尔特·雷利的海盗——请一定要记住这个著名的人物，竟然创造了会员制的"海洋俱乐部"。他最大的功劳在于，成功地将北美大陆的马铃薯、烟草带到英国。

摩卡咖啡[1]，喜欢喝咖啡的人士不会觉得陌生。在阿拉伯半岛的东南部，即现在的也门有一个非常著名的港口——摩卡港，最早在 15 世纪的时候，这个港口就因咖啡贸易而热闹非凡。因此，它也理所当然地成为海盗们打劫、做贸易的优选。

在远洋航行途中的休养、补给、停泊等必不可少，如东印度公司的商贸船，从南非的好望角横渡印度洋，然后再到东南亚海域，像马达加斯加岛、索科特拉岛就是必停地，而且停留的时间一般为 2 ~ 3 个月。

这里单说索科特拉岛，它属亚丁湾，远望去就像看到人间天堂一样，甚是美丽。然而，当年这里却是海盗聚集的地方。索科特拉岛设有大型的休养场所、治疗司令部、补给站。据说，海盗们以索科特拉岛为据点，垂涎、窥探了亚丁湾沿岸的亚丁港、摩卡港的繁荣贸易。

不仅如此，摩卡和亚丁还是印度贸易的中心，并成为当时莫卧儿帝国

---

1 由意大利浓缩咖啡、巧克力酱、鲜奶油和牛奶混合而成。

以及波斯贸易的据点。那些地中海东部贸易圈的中介商——威尼斯商人通过从阿拉伯商人手中购买到热销的咖啡，继而再转手高价卖到欧洲大陆。这样富得流油的贸易，海盗们早就心痒痒了，特别是像东印度公司这样的大型海盗集团。

我们先来看这条黄金财富的贸易航线，它主要由威尼斯商人掌控，而利凡特公司则掌控了采购权。从摩卡咖啡的产地——属奥斯曼帝国支配下的阿拉伯半岛南部的也门，通过海路或陆路运输到开罗或亚历山大港，最后由这里以海运的方式到威尼斯。

由于他们长期独霸贸易权及运输路线，致使进入到英国或欧洲大陆的咖啡价格昂贵。这种情况直到英国东印度公司的"破坏"才逐渐发生了改变。换句话说，当更厉害的海盗出现，才淋漓尽致地彰显了弱肉强食的丛林法则。

在这里的贸易商有大名鼎鼎的霍金斯、米德尔顿等海盗家族。他们先采取偷运的方式进口摩卡咖啡。船队就停靠在摩卡港、亚丁港，这里有黑色交易——那些可以不依靠威尼斯商人而进行的交易在很多时候都是有的。只是，这样获取的摩卡咖啡量太少了。

这时候，精通土耳其语的大海盗约翰·霍金斯做出了一个大胆的决定，通过支配摩卡、萨那（现为也门首都）伊斯兰教教主的这层关系网，由教主出面为之后获得贸易特许做下铺垫。

然而，实施中并不是一帆风顺的，如何解决呢？海盗的逻辑就产生作用了，并且还通过政府的行为介入。简单来说，海盗约翰·霍金斯想在亚丁港建立商馆，在摩卡、亚丁、苏拉特建立贸易连线，当交涉失败后，政府就派出了著名的外交官托马斯·罗爵士前往谈判，这种海盗理论和政府行为的有效搭配非常奏效，成功获得了在苏拉特建立贸易据点的许可。

约翰·霍金斯当然不满足这样的战果，他的野心是要获得摩卡、亚丁的贸易据点，最终打造出一条属于他公司的贸易航线。这一次，公司派了一个极具能力的海盗，据说有望成为下一代海盗首领的威廉·芬奇。此人不负众望，软硬兼施的策略很奏效。

　　至此，贸易线终于构建完成，前后花费的时间大约为 11 年（1680—1689），以摩卡作为中心据点的咖啡贸易如火如荼地开展起来，大量的咖啡进入英国、欧洲大陆市场。17 世纪，海盗还开辟了从印度洋西南部到阿拉伯海这样纵贯南北的贸易路线，拓展连接的航线从摩卡到苏特拉到锡兰岛科伦坡。

　　我们或许会奇怪，仅仅是因为咖啡可以饮用，就让海盗们趋之若鹜吗？更多的是咖啡可以作为清醒剂，既属上层消费，也可运用于战争，提高士兵的战斗力。为了让大家大致了解咖啡的使用、兴起、繁荣，我们来看下面这个图表：

时间	区域	流行形式	欢迎度
15 世纪	苏菲教团（今也门）	修行、去倦	夜间极受欢迎
1454 年	亚丁（今也门）	因饮用得到广泛许可	随后普及
1511 年	开罗（埃及）	艾资哈尔大学饮用咖啡	世界首家咖啡馆的前身
1530 年	大马士革（叙利亚）	有相关记载	出现过饮用咖啡的历史
1532 年	阿勒颇（叙利亚）	有相关记载	再次出现饮用咖啡的历史
1554 年	伊斯坦布尔（土耳其）	贸易传入、饮用	诞生咖啡馆
1645 年	威尼斯（意大利）	贸易传入、饮用	开设专属咖啡馆
1650 年	牛津（英国）	牛津大学贝利奥尔学院	开设雅各咖啡馆，并普及
1652 年	伦敦（英国）	上层、中层社会	开设玫瑰红咖啡馆
1666 年	阿姆斯特丹（荷兰）	贸易传入	随后普及
1671 年	马赛（法国）	贸易传入	随后普及

续表

时间	区域	流行形式	欢迎度
1679-1687 年	汉堡（德国）	贸易传入	随后普及
1683 年	维也纳（奥地利）	贸易传入	随后普及
1686 年	布拉格（捷克）	贸易传入	随后普及
1686 年	纽伦堡（德国）	贸易传入	随后普及
1689 年	巴黎（法国）	贸易传入	随后普及
1694 年	纽约（美国）	贸易传入	随后普及
1694 年	莱比锡（德国）	贸易传入	随后普及

透过上表，我们会有震惊的发现，咖啡传入竟然是通过大学，也就是说海盗和大学——那些高级知识分子也有联系。坐落在英国伦敦稍靠西北的内陆大学城牛津，有一个叫贝利奥尔的名门学院，坎特伯雷大主教[1]威廉·劳德从克里特岛带来一位学者，就是他将咖啡带到了牛津大学。从克里特岛到伦敦需要远涉重洋，在乘坐海盗船及其咖啡贸易的交互中，大学与咖啡、大学与海盗就联系起来了。

由于有知名大学的传媒作用，在 18 世纪前期的伦敦周边地区产生了 8000 多家咖啡店，并辐射到欧洲大陆、奥斯曼帝国。随着贸易的发展，爱德华·劳埃德创办了世界知名咖啡店品牌劳埃德咖啡馆。

劳埃德咖啡馆的成功在于其经营者给东印度等公司提供了休息、商谈的绝佳场所，高端、上档次，满足商业人士的多种需求。即便是现在，这样的经营理念也不过时。

我们来看劳埃德咖啡馆，其经营理念是划时代的。

它采用不设休息日、24 小时经营的模式，在饮料中既有咖啡，也有红茶、

---

1 又叫坎特伯雷圣座，属天主教会中的圣礼事保持者，据说拥有国君加冕权。

啤酒、杜松子酒等。为了营造商业环境，在店内配备当时很昂贵的墨和纸张。在顾客需求方面，配置有专门的店员，他们从早到晚随时待命，其中男性店员叫作 Waiter，女性店员叫作 Waitress。在招揽顾客方面，还安排年轻、貌美的女性店员在店外。

为了客源的稳定和增多，还采用在店内增设其他服务的项目。比如，小型演讲会，聘请能说会道、经历丰富的船长、船员；组织商品拍卖会；创办与贸易、经济相关的报纸《劳埃德新闻》（1734 年创办，后因需要政府的检阅，被迫中止发行，但后来诞生的经济信息类专业报纸《劳埃德船舶日报》，至今仍在发行，可见影响深远）；开办会员制，会员享受优惠活动等；开发衍生业务，比如最著名的以传播、贸易商品为对象的特别保险。

咖啡的时代大约持续了 100 年，到了 18 世纪中期以后，取而代之的是红茶时代，之后是砂糖贸易。

砂糖主要产地是在西西里岛、马耳他岛、罗德岛、塞浦路斯岛、克里特岛等。欧洲人发现这种神奇的"药物"，它是甘甜的，似乎可以包治百病。随着时间推移，这种砂糖风靡欧洲，欧洲人决定自己生产砂糖。

由于甘蔗对气候、土壤条件的限制，不是什么地方都适合大面积种植。在热带、亚热带的环境下，甘蔗能得到很好的生长，而欧洲大陆则不那么适合。

将砂糖和奴隶贸易结合起来的主要是西班牙。他们考察加勒比海的岛屿，发现有居民的实在太少了。于是，一个"奇招"就产生了，从北非的奴隶海岸或黄金海岸，将那里的黑人奴隶运往甘蔗种植基地，就有充足的劳动力了。但是，北非的许多殖民地属于葡萄牙支配，西班牙若要成功实施这个"奇招"就只能与葡萄牙合作。

于是，双方签订了许多协议，其中最著名的就是 1494 年 6 月 7 日签订的《萨拉戈萨条约》，根据条约内容，将世界分为东西两半，西半部属西班牙，东半部属葡萄牙。这个条约实际上在 1529 年又重新签订了一次，因为在 1522 年航海家费迪南德·麦哲伦的同伴完成了历史上首次环球航行，这个意义是划时代的，它证明了地球是圆形的。从此，以马鲁古群岛以东 17 度处划定分界线，西班牙放弃了马鲁古群岛，而葡萄牙支付西班牙 35 万达卡金币。

至此，黑奴贸易进入到"正规渠道"，从 15 世纪中期开始采购黑奴，到 16 世纪基本完成奴隶贸易体系，在大西洋的加那利群岛、加勒比海就有了大量的砂糖。而那些海盗、冒险商人也盯上了这个财富宝库。随后，英国也加入进来了，这主要是因为工业革命。

是的，如果说还有什么贸易一本万利，那就是臭名昭著的奴隶贸易了，海盗们对此也表现出浓厚的兴趣。这样看来，海盗们财富积累的方式可谓众多。

今天，虽然海盗没有那么猖獗了，但并不代表他们已经消亡。事实上，在广阔的海域，在某一些角落，依然有海盗横行。很多国家，像中国都在参与对恶行海盗的打击行动，健康的、和平的海上贸易，才是正常的财富获取途径。

第三章

维京传奇：一个时代的诱惑与诸神的黄昏

维京人驾驶着长船快速驶过海岸防线，所到之处，就是乌特加德（巨人和怪兽）的肆无忌惮，掠夺、杀戮、绑架……难怪人们习惯把维京人称作"海上的战狼"，他们就像北欧神话里居住在人类世界之外的黑暗掠夺者，而那些被维京人残害的人民对他们仇恨切骨。

乌特加德的肆无忌惮

复杂的维京人

人类在几百万年前就开始在水上活动了。

一个典型的例子可以证明：大约在 6000 年前，在挪威北部的克瓦尔松有一幅青铜时代的岩画，上面有挪威人在小船上捕猎驯鹿的场景。而人类社群的分布也说明我们的祖先很早就开始在水上活动了。

在大洋洲和美洲，居民似乎对海洋有着天生的热爱，我们现在熟知的或不熟知的航海者，他们可以做到远距离航行，也可以做到从海洋撤回，他们出现在大河、湖泊、内海，还可以出现在太平洋、大西洋、加勒比海岸，甚至其他海域。现在，有一种流行的说法，大洋洲的岛屿是世界历史上最古老的地方。

关于维京人的称呼到底从何开始，至今也没有一个确切的说法。维京人这个词语最初用于奥斯陆峡湾附近的维克区的居民，到后来，由于维京人威震四方，就成为整个斯堪的纳维亚半岛上掠夺者的称谓。本书为方便叙述，统一叫作维京人。

维京人是优秀的海洋民族，他们的贡献值得一说。比如将欧洲的东西两端完全连在一起，还使得斯堪的纳维亚半岛进入到欧洲的政治发展潮流中，这说明维京人具备构建国家的意识。然而，由于斯堪的纳维亚的居住人口实在太少了，且远离政治经济中心，因此，即便是维京人表现出足够的热忱，但到 11 世纪仍然无法在北欧和不列颠群岛的发展中起到重要作用。

不过，在维京人前进的步伐中，他们从不忽视如何获得更多的财富。比如，他们采取绑架、抢劫的方式，很多修道院、富裕家庭都遭受过劫难。特别是在爱尔兰岛，曾隔三岔五地蒙受维京人的"骚扰"，包括看起来坚不可摧的斯凯利格·迈克尔岛修道院，它位于爱尔兰西南部凯里郡海岸 80 千米之外，四周有悬崖峭壁，可谓铜墙铁壁。

可它遇到了厉害的维京人，9 世纪的一天，维京人成功地登上了峭壁，之后他们洗劫了这座富庶的修道院，将镶嵌在神物上的金银、盒子里的镯子等全部纳入囊中。

这并未结束，他们还绑架了院长，目的是为了获得赎金。但是，他们很快发现仅仅是绑架院长似乎作用不大，爱尔兰人更在意的是福音书，于是，他们佯装要破坏福音书，果然奏效，爱尔兰愿意拿出大笔的钱财去赎回。

不久，他们又发现绑架爱尔兰人，尤其是身份低微的爱尔兰人更具有价值。交不起赎金，就会沦为奴隶，维京人将他们运往地中海的阿拉伯集市上像商品一样进行出售。有一次，他们成功袭击了位于柏林湾的霍斯村落，此外还有基尔代尔和阿马，这些一直与世无争的地方，因维京人的到来而变得哀号遍野。他们一共掠夺了 1280 名妇女，回报是相当丰厚的。

我们或许还是对维京人不是很熟悉，历时 300 多年的维京时代最终消亡了。没有太多的历史记载，这是因为他们留下的文字记录实在太少，更何况要读懂他们的文字很难，就像如尼字母 [1]。

我们现在能读到比较早的关于维京人的历史记载主要是冰岛史学家斯诺里·斯蒂德吕松所著的《挪威列王传》里的相关记载。由于维京人如战狼般凶猛，因此即便到今日，对他们大多是这样的印象，金发碧眼、野蛮，争先恐后地跳下龙船疯狂掠夺……

维京人的迅猛崛起和壮大既有离开故土南下迁徙的原因，也有人口过剩、气候变化、科技创新的原因。首次迁徙是在西罗马帝国衰败的时期，他们最终在法国和西班牙的南部定居了下来。因此，维京人不是"单纯"的维京人，而是多民族的杂居统称。

对于维京人所到之处引发的灾难，譬如掠夺、杀戮，可以用法国北海岸的圣瓦斯特修道院日常颂歌里的一句话来概括：救救我们吧，上帝，野蛮的北方人正在践踏我们的家园。

如果以为维京人只有残暴就片面了。残暴除了体现在征服其他区域的过程中，还体现在因残暴而形成的社会秩序。比如纵火犯会被施以火刑，通奸犯或被处以绞刑或被马匹踩死。根据丹麦历史学家萨克索·格拉玛提库斯的记载，在维京人的社会里，杀兄者会被拴在公狼旁任其食掉，而大逆不道、藐视集体意志或国王决定者将被马匹分尸，或者拴在狂怒的公牛身后，任其活活拖死。

1　属已灭绝的字母，主要流行在中世纪的欧洲，如斯堪的纳维亚半岛与不列颠诸岛。

在艺术方面，比如音乐，维京人有让人惊叹的地方。根据萨迦（按内容分为史传萨迦和神话萨迦。北欧的《萨迦》大约有 150 多个故事）神话中的说法，挪威国王戈德蒙德时期有一位特别厉害的音乐家，他演奏的音乐具有很强的感染力，不仅有生命的人和动物，连刀叉、碗碟也会跟随音乐的节奏舞动起来。一本名为《奥克尼萨迦》（大约成书于 13 世纪）的书中记载，在众多乐器中能弹奏竖琴的人是最值得骄傲的。因此，在各种宴会上都能见到这样的表演。

这样看来，维京人真是"复杂"的人。

疯狂掠夺

8 世纪的英格兰正处在繁荣时期，尤其是北方地区。历史学家将这一时期叫作"诺森布里亚文艺复兴"，这场文艺复兴比意大利著名的文艺复兴运动早了 600 多年。绘画、雕塑、冶金、建筑、科技等领域都呈现出蓬勃发展的态势。正是因为这样的发展，我们今天才可以看到著名的盎格鲁－撒克逊泥金写本，比如《凯尔经》《林迪斯法恩福音书》等，这些都是中世纪英国最高艺术成就的彰显。

像《凯尔经》就是早期平面设计的著名范例之一，特别有意思的是，书中的文章开头都配有一幅插图，大约有 2000 多幅，代表了海岛绘画艺术的高峰。现在，这部奇书中的内容已经拍成影视动漫，如诺拉·托梅导演的《凯尔经的秘密》。

宫廷学院的兴起，集聚了许多著名的英格兰学者，特别是欧洲之父——查理曼大帝决定引进欧洲文明，大力发展文化教育事业后，宫廷学院演变为著名的巴黎大学。而享誉世界的牛津大学就是 1167 年从巴黎大学回到英国的师生建立的。

在英格兰和苏格兰北海岸的贾罗、艾奥纳岛、林迪斯法恩等地的修道院，里面有许多珍宝，如精装镀金的《福音书》、由宝石镶嵌的圣盒[1]、象征着主教权力的象牙法杖、金线绣制成的法衣……这些都是当时文明的见证。

然而，维京人来了，他们破坏、掠夺了它们。根据盎格鲁－撒克逊人的编年史记载，787 年的秋天，一切仿佛没有征兆，也仿佛有过征兆，比杜希德——这位历史中有记录的见证者，波特兰岛的一位行政官员，他以为停泊在距离韦塞克斯南部波特兰岛不远处海面上的三艘船是从事贸易的。然而，当他和随从靠近这些船只时，还未开口就被乱箭射杀了。

"维京人来了！"也许他心里正涌动着这样一句话。国王的士兵赶来时，他身上的财物全都没有了。

官员命丧，财物消失，一时间恐怖的气息笼罩着波特兰岛。

整个岛都做好了防御措施，连修道院里的修士也在准备……

可在维京人面前，这些都是不堪一击的。更可怕的还在后面，之前的所有袭击只是试探，试探防御的能力，计算大规模的进攻能获得多少的收益。

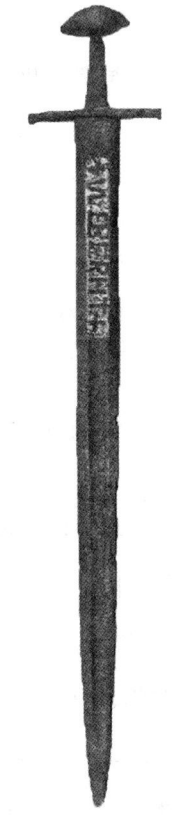

▲维京剑

1　用于盛放圣人遗物的一种容器。

肯特王国（公元 449 年，由入侵英格兰地区的日耳曼部落朱特人建立）在遭受维京人的试探性攻击后，第二年，维京人就开始了集中力量的大举进犯，很快就席卷了许多的区域，没有谁能幸免，遇难者难以计算，或就地被斩杀，或拖至海岸淹死……

795 年，东海岸贾罗境内、西海岸斯凯岛的艾奥纳大教堂，一场惨绝人寰的大屠杀开始，修士、修女、农民，甚至动物都被拖到海岸边残忍地杀掉。

我们来看一名修士所作的记录：……（维京人）犹如凶猛的蜂群，北方的异教徒携着强大的海上力量扑向不列颠岛；随即又化作凶残的狼群，在岛上肆意地烧杀抢掠……

而更神秘可怕的记录是这样的，他们说上帝已经给出了警示，几周前的岛上天空出现无数闪电，恶龙在雷鸣声中不停地盘旋。

维京人的性格解读

尽管已经说到维京人的一些信息了，可我们依然有许多疑惑。比如他们来自什么地方，为什么如此厉害、凶猛……

在 8 世纪时，维京人的故土仍然是世界的未知地区。这是属于挪威、瑞典、丹麦所在的斯堪的纳维亚地区，终年的积雪覆盖使得那里极度的寒冷，与世隔绝，但其延展的地区却很广阔，全长近 2000 千米，从南部日德兰半岛一直延伸到了北极圈的克尼夫谢洛登角。

单说丹麦，主要是因其地理条件太好了，坐拥了整个日德兰半岛以及周边 500 多个小岛。在这里，森林茂密、绿草覆盖……这一切仿佛是上帝垂爱创造的，正年复一年地享受着来自墨西哥湾和北大西洋暖流的恩泽。而西海岸又与德国西海岸相连，这里的人们若要走出去，由西部出发是最佳的选择，最后通过英吉利海峡到达英格兰。

又说挪威与瑞典，与丹麦相比上帝就没有那么垂爱了。他们所在的斯堪的纳维亚半岛的气候条件并不算优越，唯有瑞典拥有相对肥沃的土壤，瑞典的东部与俄罗斯隔海相望，因此，瑞典人多数选择向东进发。与丹麦不同的是，挪威和瑞典主要是出海进行贸易活动，并且还由此诞生了较早的政权。

再看挪威，因地势崎岖，差不多有三分之一的领土都处在北极圈内，西部大约有 15 万座岛屿分布在挪威海岸附近，而峡湾[1]也成为挪威独特的地形，它既可以抵挡来自大西洋寒冷气流的侵袭，又能形成通往北方的天然通道，挪威的名字也因此而来。

这也完全符合阿尔弗雷德·赛耶·马汉的"海权要素"理论，海岸线就是一个国家的陆上边界，这道边界是否方便舰队出入决定着一个民族是否能和世界上的其他国家进行交流，长远来看还决定着一个民族的发展、繁荣和昌盛。显然，挪威地区的维京人选择前往北海探险时，他们向西推进，而后在格陵兰岛建立居住群，大约在 1000 年就抵达了美洲大陆。

上述情况综合而论，在维京时代不管是瑞典还是挪威，他们都面临着一种尴尬的局面，那就是人口数量太少。并且，挪威可用于耕种的土地被许多峡湾分割得支离破碎，再加上内陆地区多以山地为主，养育人口的先天优势几乎没有。而瑞典的南部与西部则被广袤的密林、沼泽、湖泊封锁，根本就无法穿越。

1　指海面上升淹没前的槽谷地形，多由冰川侵蚀河谷所致。当冰川由高山向下滑时，不仅从河谷流入，还将山壁磨蚀，成为峡谷。当这些接近海岸的峡谷被海水倒灌时，便形成峡湾。

更可怕的是，如果在夏季没能储存好足够的食物，到了冬天（比较漫长，几乎占了全年的一半时间）就只能挨饿，更不用说寒冷了。因此，在夏季的时候他们会进行狩猎，麋鹿、狼、狐狸、驯鹿、熊、獾……都是他们珍爱的，拥有食物就是无比的富裕，热情好客也是他们崇尚的，若有款待不周的情况出现，那就极有可能引发数代人之间的仇恨。

在漫长的冬天，维京人必须比很多民族更强悍。他们的活动大都强劲、直接，比如类似于曲棍球比赛的"卡纳特雷克"，击剑、摔跤、攀岩、滑雪、负重游泳……

当然，训练维京人成为勇士的途径不只这些。婴儿出生后，父亲会在摇篮中放上一把利剑，并且还要对着剑郑重其事地说："孩子，我不会给你留下任何遗产，你的一切都需要你用这把剑去拼搏。"因此，若有人问维京人的信仰是什么，他们会坚定地说："我只相信自己的力量。"并且，为了让这种力量发挥到极致，他们还创立了属于自己民族的宗教。比如，在瓦尔哈拉英灵殿中一共有13位主神，其中最厉害的就是奥丁和雷神托尔。

奥丁是诸神之父，掌管着诗歌、智慧、战争、魔法，是雷神托尔的父亲。

雷神托尔也是一个厉害的神，他喜欢靠武力去征服敌人。其具有象征性的武器姆乔尔尼尔（即雷神之锤），在他红色头发、摄人眼神的搭配下让人不寒而栗。这雷神之锤威力无穷，可夷高山为平地，又能复活死者。

正是因为有这样的信仰之神，所以维京人在面对所处环境时从不悲观，他们对未来充满希望。他们渴望走出去，那些在广阔的海洋上搏击风浪的勇士深受人们爱戴，就算他们看到诸神的黄昏来临，所有的种族，包括众神、勇士都毁灭，就算盘踞在世界之树底部，不断啃蚀其根部邪恶的黑龙尼德霍格[1]会让世界陷入无尽的黑暗，但只要有奥丁和雷神托尔在，就有一线希望。

因此，维京人在通向外面的过程中，特别是出海探险的时候，表现得非常勇猛，面对大海也毫不畏惧、退缩。比如他们沿着挪威的海湾、瑞典的海岸、丹麦的岛屿在航行中乘风破浪，他们应该感谢海洋，是海洋在多方面把整个斯堪的纳维亚半岛上的许多国家连接起来，他们透过海洋这个巨大的载体观望、探寻着他们的世界。

船是他们的生命，就连他们修建的房屋、婴儿的摇篮、女人衣服上的纽扣和胸针、男人的马镫、小孩的玩具也是船的形状。维京人死后，如果是勇士会安葬在船中，然后埋在巨大的坟丘下面；如果是穷人则埋入深坑，再在上面堆砌石头摆成的小船。他们相信船会带他们永生，就像他们信仰奥丁和雷神托尔一样。

由于维京人对海洋的重视与探索，他们成了优秀的海洋民族。他们尽可能地获取海洋带给他们的财富，比如在斯堪的纳维亚半岛就有丰富的自然资源，琥珀、黑狐皮、铁矿……因此，早在9世纪的时候，维京人就与周遭或更远的地区展开了贸易往来，像黑狐皮在罗马市场就广受欢迎，而中间商日耳曼人也起到积极作用，这样的贸易逐步带动了拉丁字母、希腊字母在维京人生活区域的传播，并为如尼文字的形成奠定了基础。

古罗马地理学家盖乌斯·普林尼·塞孔都斯（有巨著《自然史》传于世）、同时代著名的历史学家普布里乌斯·克奈里乌斯·塔西佗都对维京人有着让人惊讶的描述。塔西佗认为维京人就是"技艺精湛的水手，装备精良、贪婪成性；其船只造型奇特，两端都是船头……"

---

1 北欧神话中的一条恶龙，藏身于通往死者之国——尼伯龙根的世界之树的树根旁，因绝望透顶，遂与其他蛇类一起啃食着树干，食尽，世界则毁灭。

而历史学家约尔丹尼斯则说维京人是"残暴的对手"和"卓越的大师"。这主要是因为他们生存的地理条件、气候等因素，如冬季仿佛就是永恒的黑夜，夏天是无尽的白昼，庄稼很难在这极北之地生长。

这样看来，维京人的厉害也不言而喻了。

早期维京人的船是仿照罗马人和凯尔特尔人的设计。大约在 3 世纪，人们就知道在船上装风帆，但真正广泛使用是在 8 世纪中期。早期罗马人和凯尔特尔人设计的船是靠固定在船舷上的细长船桨驱动，由于没有宽大的桨，这样的船只能在近海域航行。

聪明的维京人在 8 世纪发明了龙骨，它是船体的基底中央连接船首柱和船尾柱的一个纵向构件，位于船的底部，其作用是承受船体的纵向弯曲力矩，以保证船舶结构强度，并扩大了船的侧面面积，提高了船在水中的并联阻抗，防止了侧风转向；在逆风航行中，它的作用不容忽视。

这是航海史上的一项突破。这一时期维京人设计的先进船只，主要具备以下特点：

一、开放式船体，桨舵安装在船尾侧面，拥有强壮的龙骨。

二、船帆为矩形，羊毛制成，在帆的顶部有横杆，能将船帆最大幅度地撑起。

三、桨与帆的共同驱动，运动速度提升非常快，如在顺风顺水的时候可达 14 节，行程接近 6500 千米。今天的航海术语"右舷"就是由维京人在靠近船尾的船身右侧装置了操纵桨而来，并且为了防止右桨的损坏，维京人采用船身左侧靠岸的方法。

四、船的主要材料木材多采用橡树（也是龙骨的优选材料），但很多时候喜欢直接采用原木。那时候没有钢锯，根据其纹理来切割树木能更好地保持木材的韧性，而这样制成的船能适应风浪力量下产生的适当弯曲。

再到后来，聪明的维京人发明了长船，根据现代人的计算，维京人打造一艘先进的长船大约需要 7 个月的时间。而这种长船没有龙骨结构，吃水深度就浅了许多，实现了能停靠在更多水域的可能。从这一点就可以看出维京人通过海洋对外扩张的野心。更为厉害的是，这种长船犹如海上骏马，最多可容纳 100 人，却仅需 15 人操纵航行即可。

维京人驾驶着长船快速驶过海岸防线，所到之处，就是乌特加德（巨人和怪兽）的肆无忌惮，掠夺、杀戮、绑架……难怪人们习惯把维京人称作"海上的战狼"，他们就像北欧神话里居住在人类世界之外的黑暗掠夺者，而那些被维京人残害的人民对他们仇恨切骨。

正如中世纪欧洲最著名传记作家艾因哈德在书中所言："我为不能亲眼得见我的基督同胞在那些猪狗不如的恶魔的鲜血中载歌载舞而深感悲哀。"

僵局中维京人何去何从

四处进犯

维京人经过不懈的努力，到了9世纪初终于建立起了属于他们的时代，尤其在海上的优势简直是所向披靡。这主要源于他们已经掌握了许多贸易航线。我们仿佛已经看到那一双双海上战狼的眼睛正虎视眈眈地盯着远方的猎物，仿佛已经嗅到血的气息。

现在，只等进攻了。

查理曼大帝是一位卓越的君主，他在执政期间其实已经意识到维京人的威胁了，因此，他一直在筹建抵御维京人的防御工事。之前，法兰克人和维京人接触较多，维京人的琥珀、皮毛、羽绒、磨石等商品在法兰克人的市场上很受欢迎。而查理曼帝国的布伦港附近和莱茵河畔时常活跃着维京商人。查理曼大帝在 768 年登基后，就着手拓展疆域事宜。12 年后，帝国已经占领了比利牛斯、巴伐利亚的一些疆土，意大利北部的大部分地域也收入其囊中。

当野心碰上狼性，两者交锋又会怎样呢？

查理曼大帝野心勃勃，手下的十二圣骑士更是所向披靡。他铸造了大量的具有罗马特色的货币，建筑许多皇家宫殿，幻想迎娶拜占庭女皇——让北地中海成为罗马内湖……这样一位有野心的皇帝，已经给周边的国家带来了威胁。正如这样一句话所说："如果法兰克是你的朋友，那他绝不可能是你的邻居。"

804 年，查理曼大帝结束了一场旷日持久的战争，30 余年的时间摧毁了位于德意志西北部的撒克逊王国。这样一来，法兰克人就与维京人（丹麦）成了邻居。很显然，一场与狼共舞的序幕已经拉开。

查理曼大帝为了防止丹麦海盗接近易北河——这条河战略位置尤为重要，它是法兰克东北部地区的要塞河——在河上修架桥梁，既可以方便贸易，也可以快速集结军队。而其他重要的河流要塞也采取了同样的方式，比如多瑙河——通过这条河就可以抵达帝国中心地带。但这远远不够，查理曼大帝战略眼光独到，他开凿了一条连接莱茵河与多瑙河的运河，即美因－多瑙运河，目的是为舰队打开一条穿越中欧的航道，一旦边境受到军事威胁，就可快速抽兵到境。

海上作战的方式早已有之，而查理曼大帝建立北海舰队的目的之一就是要占领丹麦港口小镇——海泽比，这是维京人重要的贸易区。它的存在已经严重威胁到法兰克人，从地理上来讲，海泽比位于丹麦边界的施莱峡湾地区，维京人不仅在这里建立了许多的收费站，还从货币发行上去掌控该区域的贸易，建立在斯堪的纳维亚半岛上的铸币厂就是最好的说明。

因此，维京人绝不是我们想象的那么鲁莽，他们是有经济头脑的。由于这里的贸易十分繁荣，已经威胁到法兰克帝国的诸多贸易中心了。

海泽比为什么能异军突起？除了地理位置因素，还得益于一位维京人，他就是著名的戈德弗雷德将军（在法兰克编年史中称他为国王，因为他统治着丹麦的大部分地区）。这位将军除了能带兵打仗，在经济建设方面也是一把好手。简单来说，他采取了以下措施：

一、重视商业活动，贸易的繁荣很大程度上取决于地理位置、交易商品量……

二、增大人口数量，迁徙人口，鼓励生育是较好的选择。

三、集聚商业人才或头脑人物，他们是最会做贸易的人群。为此，他专门成立行动组，去抓获法兰克各镇的商人，并带回海泽比。

四、修建巨大的丹麦边墙，西起北海，东至波罗的海，贯穿了整个日德兰半岛。接下来，实施边境骚扰策略，采取洗劫、绑架、胁迫、策反等手段逼迫更多的精英到海泽比。

查理曼大帝为此勃然大怒，专门成立一支特殊军队进行反击，但戈德弗雷德都成功地抵御了。查理曼大帝被弄得焦头烂额，无奈只能用钱财来换取暂时的安宁。

五、佯装示和，以进入商业谈判，伺机占取更重要的贸易口岸。双方统一决定将艾德河定为永久边界。

海泽比处于丹麦地峡的重要位置，许多的商人都会在艾德河和特雷讷河之间进行贸易来往，而要想缩短距离、节约运费、降低成本，路经海泽比是很好的选择。这样的优势一直持续到 11 世纪末。维京人的足迹遍布不莱梅、乌特勒支、科隆和诺曼底。干鱼、毛皮、皮革、盐、黄油、木材这些畅销商品就这样转运到了西欧。

到 9 世纪末，已经有超过 40000 磅的白银落入到维京人的囊中。为了抵抗白银的流失，法兰克地区的执政者们采取了相应的措施：

一、降低本国货币的价值。

二、将大量的人口迁徙到内陆地区，放弃或遗弃滨海地区。

三、将维京人钟爱的劫掠对象——修道院（按照英国小说家琼·史密斯的说法，维京人洗劫、摧毁修道院是为掠夺钱财，而非宗教差异。当时英国教堂以土地租赁、婚礼、葬礼、祈祷等各种名目向民众征收大量赋税，这些钱财统一由修道院管理，修道院因此成为袭击的主要目标），有计划地搬迁到内陆地区。

四、组织力量逐步反击。

这样一来，维京人不得不调整进犯策略了，他们将目标锁定在不列颠群岛。那里有星罗棋布的修道院；在爱尔兰岛上有各种珍贵的原料，这些原料是很好的出口产品，其贸易地主要在北欧；岛上的矿产也十分丰富，比如银矿、铜矿、绿宝石、蓝宝石、黄水晶、紫水晶、淡水珍珠……另外，爱尔兰的工匠还有一个厉害的本事，能制造出质量上乘的装饰制品，特别是一种叫作"凯丽钻石"的精美"石头"，它常用来镶嵌在圣盒、珠宝、书的封面上。

在文化和政治方面，爱尔兰也呈现出黄金年代的局面，主要表现在以下几方面：

一、因宗教信仰的凝聚作用，盖尔人[1]在文化事业方面有着卓越的表现。

二、修道院成为学习的圣地，从而造就了大批充满智慧的学者，这些

---

1 主要分布在欧洲的爱尔兰岛与大不列颠岛，属凯尔特人一族，即今天的苏格兰人和爱尔兰人。

学者又把爱尔兰的文化传到西欧。

三、爱尔兰岛由各自为政逐步走向一种联合。岛上分布有很多小国，而这些小国随着时间的推移，又达成某种内部联系。比如北方的王国以塔拉为主要代表，南方的王国则以芒斯特为主要代表。前者更为强大一些，其君主被称为阿德里或至尊王。

然而，让人唏嘘的是，即便是这样的黄金时代，在维京人面前竟然不堪一击。十年的时间，维京人劫掠了大量的财富。整个爱尔兰岛陷入倾覆的危局当中。

即将灭亡的英格兰王国

暂时扭转危局的是塔拉联邦的至尊王梅尔·斯切林，他抓住了"恶魔"索吉尔斯。这个所向披靡的维京首领可能做梦也没有想到会有这样的结局，历史上没有记载梅尔·斯切林是如何抓住他的，有一点可以肯定的是，索吉尔斯被愤怒的人们用石头绑在身上扔入了河中，寒冷的、深深的河底结束了他血腥杀戮、亵渎神灵的一生。

"恶魔"索吉尔斯死后，维京人陷入混乱。850年，他们发生了为争夺都柏林控制权的战争。这是丹麦人与挪威人的战争，爱尔兰人却成为战争的受益者。

维京人遭受到了前所未有的打击，他们因内部分化被赶回到滨海地区。至尊王梅尔·斯切林非浪得虚名，但他忽略了维京人的"血鹰"本性，他带领军队六次攻打都柏林，每次都以失败告终。远途讨伐至敌军境内，若没有强大的后援与有效的情报获取源，这是非常危险的，更何况此时的维京人已经回到大本营，这里是他们施展本领的地方。加之对维京人而言，真正的威胁是来自内部的首领：一是挪威人的领袖白王奥拉夫，另一是丹麦人的领袖"无骨者"——伊瓦尔。

这里主要说一下伊瓦尔，他是拉格纳·洛德布罗克的长子。在拉格纳·洛德布罗克的领导下，丹麦人紧密地团结在一起。关于"无骨者"伊瓦尔为什么无骨，在维京人中有多个说法：

一、生来全身就没有一根骨头，却有超凡的能力。

二、只是腿部有软骨，无法站立行走。

三、受到了诅咒，主神奥丁让伊瓦尔的母亲亚丝拉琪在婚后的第三天才能与丈夫拉格纳·洛德布罗克同房，但心急的拉格纳·洛德布罗克不愿意等待。于是，他受到了严厉的惩罚，儿子伊瓦尔被替换成了软骨。

四、具有双关节。

显然，维京人更愿意相信最后一种说法，他们认为这样一位伟大的人物，怎么可能身体有残疾呢？双关节会让伊瓦尔行动更灵敏，在战场上更加游刃有余。

伊瓦尔是绝顶聪明的人（《拉格纳萨迦》中说："世间也许没有比他更聪明的人了。"），虽然上战场需要人抬扶，但智慧与谋略让他清醒地认识到——内部的争斗以及连年的对外征伐只能是得不偿失。于是，他决定联合白王奥拉夫，而对方也同意了，采取共享王权的形式让维京人紧密地团结在一起。

维京人在经过常年的对外征伐后忽然明白，内陆地区虽然布满沼泽、森林，但却有天然的资源。都柏林自建立以来，在两位头领的治理下得到了迅猛的发展，并成为维京世界的重要贸易口岸。它连通了挪威、英格兰、法兰克等地的商业中心，成为北大西洋所有维京人经常停驻的港口。同时，沃特福德、韦克斯福德、科克等要塞都得到了很好的发展。

强大的进取心在积累到一定程度就会爆发，内部的强大滋生对外扩张的野心。865 年，"无骨者"伊瓦尔决定入侵英格兰 [1]。

这次维京人挑选了更加狼性的士兵，这些士兵来自于挪威的海湾地区、波罗的海西部、弗里西亚群岛、丹麦……他们只有一个梦想——追求财富。

约克是英格兰与欧洲其他大陆贸易往来的中心，在将近 2000 年的时间里，约克一直是北英格兰的首府，地位相当于今天的伦敦。9 世纪中叶，约克正处于繁荣期，城内也有维京人，不过他们主要是在卖酒水。面对这里的繁华，维京人动了劫掠与占领之心。

不过，随后，他们发现它是那么的固若金汤。

不管怎样，一定要拿下约克，它实在是太具诱惑性了。在城市的周围有肥沃的良田，自身的位置又处于都柏林到欧洲西北海岸的中间地带，即在福斯河与乌斯河的交汇处，在路上有保存完好的罗马古道，连接着西海岸的其他港口。若是维京人能拥有它就不必再去走那条经由苏格兰北部的危险海上通道了。

"无骨者"伊瓦尔的计划是将盎格鲁－撒克逊的王国实力逐个清除。在这之前，他必须筹集到充足的战略物资，于是，他在东盎格利亚有组织地进行掠夺，随后，即 865 年，他让军队沿着一条罗马古道向北前进。

首个目标就是诺森布里亚王国，之所以选择这个王国，是因为它的主要城市约克是英格兰与欧洲其他大陆贸易往来的中心城市。（另外一种说法是，"无骨者"伊瓦尔的父亲拉格纳·洛德布罗克的死与这个王国有关。

1　英格兰当时分裂为四大国和三小国。四大国分别是麦西亚王国、诺森布里亚王国、东盎格利亚王国和韦塞克斯王国；三小国则分别是萨塞克斯王国、埃塞克斯王国和肯特王国。

作为一名出色的海盗领袖，865 年，他因遭遇海难漂流至诺森布里亚王国，国王艾拉将其俘虏，扔进爬满毒蛇的深坑。）当然，当它被维京人夺取后，经过发展成为了北英格兰的首府。

正是因为约克城的重要位置，诺森布里亚王国将其打造成一座固若金汤的城市。一向杀戮成性、给予他国威慑的维京人，这一次率领大军气势汹汹地前来，866 年维京大军兵临约克城下。没想到的是诺森布里亚王国一片恐慌，国王艾拉逃跑了，约克成了无主之城！

艾拉逃到了先前被废黜国王的领地，他的想法是结合更多的力量组成联军共御外敌。遗憾的是，联军的行军速度缓慢，竟然花费了四个多月的时间才赶到约克城下。而维京人早已利用这个空档期控制了约克城。

联军终于到达约克城下，"无骨者"伊瓦尔没有主动出城迎战联军。他决定智取，故意放松防守城墙的其中一段，成功地将盎格鲁—撒克逊军队引入城内。在城内伊瓦尔布局了没有出路的迷宫，于是，在接下来的巷战中，那些维京亡命之徒的嗜杀本性得到最大发挥。诺森布里亚人不堪一击，胜利就这么得手了。

解决了北边的诺森布里亚王国，夺取麦西亚王国是随后比较重要的目标，在拿下诺丁汉后，这个目标的实现会容易一些。寒冷的冬天不能阻挡维京人的前进，他们甚至不用回到他们的纵横之地——海上。

麦西亚国王伯格雷德深知伊瓦尔的厉害，他决定向韦塞克斯国王埃塞尔雷德求助，这主要源于两国有联姻，伯格雷德迎娶了埃塞尔雷德的妹妹，而伯格雷德又把一位美貌的麦西亚姑娘嫁给埃塞尔雷德的儿子阿尔弗雷德。

两国的联军在 867 年的春天向诺丁汉进发，采取"闪电战"的形式试图快速拿下诺丁汉。一时之间，双方僵持不下。伊瓦尔认为，自己的军队是为了去掠夺财富，而敌方的联军不但人数众多，又是为了守卫家园而战，必定同仇敌忾。因此，若无法战胜对方，那财富又有何用？更糟糕的是，他们的补给出了大问题。

1000 人的维京部队每天至少需要 2 吨面粉、1000 加仑淡水。马匹的补给则更困难，每匹马每天至少需要 12 磅的谷子和 13 磅的干草，对于这次出征的维京军队而言，仅马匹需要的粮草补给就高达 6 吨。

不过，敌方联军的士兵当中有相当一部分是农民，他们除了作战，还需要回去收割庄稼，只要挨过这段时间就能转危为安。

双方进入到僵持中。

不久，联军出现低迷情绪。

伊瓦尔抓住时机，提出停战的建议。协议的内容不得而知，但麦西亚王国显然向维京人屈服了；同时，维京人平安地撤回了约克，伊瓦尔将指挥权交给指挥官乌比，自己则回了都柏林。

869 年，伊瓦尔重新回归，这次他部署了全新的作战计划，攻占东盎格利亚王国，并控制这个国家的海岸，这样就能在北海区域为舰队护航。因为，在东盎格利亚境内有诸多重要的河流，特别是泰晤士河，它连接着内河航运的枢纽系统，可直接通往英格兰的中心地带。进军路线分为两条：一是由伊瓦尔率军从海上沿着海岸航行，这样可以沿途掠夺城镇战略物资；二是乌比率军从约克出发，沿着罗马古道南下。两军若能按计划进军，就可以在东盎格利亚王国的首都塞特福德会师，最后迫使国王埃德蒙交出王位。

塞特福德自然重要，但要夺取它还需要占领另一个重要的地方剑桥。罗马古道显然为这提供了有利的条件，500 年的历史沧桑没有让这条古道遭受到破坏，乌比是在当年秋天的时候到达彼得伯勒的，他纵火烧了这座城市，带走了战略物资，接着向芬斯进发，这里地域广阔，沼泽密布，把彼得伯勒、塞特福德、剑桥分隔开。眼下的局势，最好的破解之法是占领剑桥。

剑桥的周围虽然都是沼泽，要想渡过剑河就必须经过此地，当初罗马人就看出了这个战略地理位置的重要性，修建了北连伦敦、南通约克、贯穿剑桥的道路。从剑桥还可以直到北海，并且是全部可通航的河段。简言之，剑桥是连接边境地区海陆交通的要道。

两线进军的策略使得维京人胜利了，而国王埃德蒙下场凄惨。他拒绝屈服，伊瓦尔大怒，命令士兵将他的身体射成"刺猬"状，最后砍下他的头颅扔进了附近的森林。继承王位的是埃德蒙的弟弟埃德沃德，但他选择了逃亡，从此销声匿迹。东盎格利亚王室血脉就此中断，扶持的傀儡政权成为帮助维京人征收赋税的工具。

至此，伊瓦尔已经征服了英格兰四大王国中的三个，剩下的韦塞克斯成为最后征讨的对象。本应继续前行的伊瓦尔在这个时候接到盟友白王奥拉夫的消息，希望他能帮助自己突袭敦巴顿巨岩。伊瓦尔随即带领军队返回诺森布里亚。

敦巴顿城是斯特拉斯克莱德的首都，这是一个古老又厉害的王国，以往有很多试图占领它的敌军全都失败了。最重要的原因是城内有一口深井，就是这口深井让敦巴顿的军队击败了前来的任何敌军。敦巴顿位于罗蒙湖和高地的入口处，地理位置太奇特了，城堡坐落在河边一块巨大火山岩上。

联军白色奥拉夫的舰队渡过克莱德峡湾，从海上进攻；伊瓦尔则经由约克，从陆上进攻。原以为这次进攻会比较麻烦，但维京人不知道用什么办法将那口深井的水抽干了，四个月后，口干舌燥的敦巴顿守军就投降了。

投降——这绝对是个错误的决定，敦巴顿人没有意识到维京人的血腥残忍。进城后大肆的屠杀就开始了，大量的财富被掠走，据说需要 200 艘的船只才能装下这些财富。侥幸活下来的人们被运到都柏林，再贩卖到西班牙的市场，成为廉价的奴隶。

871 年，一生征战、获得荣耀无数的伊瓦尔成为"全爱尔兰与不列颠境内的斯堪的纳维亚人之王"，很长的称号。

873 年，伊瓦尔去世，白王奥拉夫成为继承者，维京人继续展开对外扩张征讨。

韦塞克斯王国危在旦夕，国王埃塞尔雷德是一个平庸的统治者。他死后，四个儿子治理着王国。这里只说小儿子阿尔弗雷德，他曾经参加过与维京人的战斗，拥有不错的实战经验。

根据一本名叫《阿尔弗雷德传》的书记载，维京人不但擅长海战，也擅长阵地防卫战。阿尔弗雷德带领的军队经过浴血奋战，逐渐学会了与维京人作战，给维京人带来了较大的伤亡。同时，阿尔弗雷德也不断地改革内政，强化军备，韦塞克斯的反抗斗争进行得越来越有声有色。

878 年，阿尔弗雷德与维京人达成了和谈。韦塞克斯王国缴纳丹麦金（给丹麦人的金钱，就相当于"岁币"），承认维京人对其他三个英格兰王国（诺森布里亚、麦西亚、东盎格利亚）的统治。维京人撤军，维京国王皈依基督教。

为什么强大的维京人会同意和谈？原来，阿尔弗雷德不但获取了维京人的进攻计划，还分析出了他们的最大弱点。

维京军队虽然战斗力超强，但其人数是远远少于英格兰的。因此，要想征服某个王国，维京人就必须集中兵力击败这个王国的军队，然后再去征服其他王国。

　　阿尔弗雷德想到这里，立刻兴奋起来。他找到了打败维京军队的方法，一个字——拖。具体来说，流动性地进行小规模的战斗,避免发生大规模的决战，以此拖垮敌军。于是，他带领军队在沼泽地带不停地与维京人进行游击战，这样的方法很奏效，到了878年，阿尔弗雷德已经具备反守为攻的能力了。

　　更让他振奋的是，维京国王古特仑派乌比进犯德文郡的一支军队遭遇惨重的失败，乌比被杀。这无疑是一剂绝佳的兴奋剂。

▲英国温彻斯特的阿尔弗雷德大帝雕像

　　阿尔弗雷德集结了三个郡的军队，大约4000人。这是一场你死我活的残酷战役，双方杀红了眼，战场血肉横飞……最终，维京人的盾牌防线被击破了，战争的局面开始朝阿尔弗雷德一方扭转。

　　由于维京军队中的老兵大多数都是跟随无骨者伊瓦尔而来，他们的目的不是抢劫财富，而是要获得土地，并就此生活下来，年轻的维京士兵中也有不少人的想法如此。古特仑觉得，若战争持续下去，胜算未必就是最大的。

　　这才是强大的维京人同意和谈的根本原因。根据和约，麦西亚的东部和东盎格利亚属于维京人势力范围，韦塞克斯和麦西亚西部领土会归阿尔弗雷德所有。这样的领土和势力划分一直持续到12世纪末。

寻找出路

维京人从不缺乏进取精神，在洗劫完地中海后，他们决定西进。而西进最大的收获就是他们终于有了自己的归属感，因为他们发现了冰岛。

在冰岛定居后，维京人大力发展冰岛。当冰岛人口剧增后，这里已经没有可供占有的闲置土地了，但依然有大量的人口不断地涌入冰岛。生存的压力使得维京人将目光再次投向大海。

根据 9 世纪时的一个传说，维京人在这之后发现了西北部更远的岛屿，发现者来自挪威，名字叫作贡比约恩·乌尔夫松。在从挪威到冰岛的途中，他意外发现了怪石嶙峋的岛屿群。后来，人们就把这些岛屿叫作贡比约恩群岛。大约一个世纪后，冰岛人口过剩，斯兰约恩·加尔蒂决定去寻找这传说中的群岛，如果成功，就将其作为殖民地。

只是，他们来到的是格陵兰岛的东海岸，这是一块非常辽阔的火山岛，面积却比整个斯堪的纳维亚半岛大。然而，这里不适合人居住，环境实在是太恶劣了，位于北极圈以北的特殊环境，人要好好生活简直太难了。更可怕的是，这里的殖民者互相争夺残杀，斯兰约恩·加尔蒂死于内斗。

四年后，一个叫埃里克·瑟瓦尔德森的挪威人再次远航，准备寻找传说中的群岛。他就是大名鼎鼎的"红胡子"埃里克。985 年的一天，一支由 25 艘船组成的舰队从冰岛出发，最后只有 18 艘船安全到达格陵兰岛。

来看看这里的自然环境吧！大部分土地不适合人类居住，内地几乎被冰川覆盖，只有沿海 80 千米宽的地方没有冰川，但山岳林立，草木不生；缺乏木材、铁矿等大自然恩赐的资源；一年四季寒冷占据绝大部分时间，种植小麦等作物成为妄想……

然而，这里海产却特别丰富。另外，像海豹、北极熊、海象等珍稀动物在这里也常见，它们的皮毛、牙齿或以此做成的奢侈品在北欧市场极其受欢迎。

经过再三考虑，埃里克·瑟瓦尔德森决定在这里进行殖民。

维京人是绝顶聪明的，他们通过灌溉的形式来保护农作物，使其免于冻害。这是非常了不起的，因为维京人在与大自然的相处中发现水在结冰的过程中会释放出热量，根据现代科学的计算，1 克水大约能释放出 80 卡路里的热量。因此，维京人会持续灌溉一些作物，使它们能安全地度过严寒的冬季。

接下来的事情让人兴奋，殖民人口激增，高达 40000 多。于是，冰岛—格陵兰岛、挪威—冰岛—格陵兰岛之间有了紧密联系，维京人相互走动，就像今天走亲戚，外出旅行一样。

埃里克·瑟瓦尔德森死后，同时也是因为有很多维京人卷入到宗教争端中，为了尽早结束这场争端，其儿子莱夫·埃里克松决定到西部重新开辟新陆地。

这就是去美洲了，虽然当时他并不知道。然而，比他早一些去的是一个叫比雅妮·何尔约夫森的富豪。他最先看到的是连绵不断的森林，它们分布在山丘上，这景象简直壮观极了，这新世界比格陵兰岛要好上不知多少倍。维京人给这里取了一个有蕴意的名字——马克兰，就是森林之地的意思。

遗憾的是，他没有在这个地方停留，继续往北航行，于是就到了一个岛上，这里有许多形状怪异的扁平的巨石，唯一的生物就是北极狐。维京人给这里也取了一个名字，叫作荷鲁兰，意为扁石之地。

比雅妮·何尔约夫森只是一个商人，他不想去探险，这个新世界继续保持它的安宁。直到 10 年后，莱夫·埃里克松的探险，才发现了今天的纽芬兰，这里太神奇了，到处都是绿油油的岛屿，岛上的露水特别甘甜，用之不竭的木材、无数的大鲑鱼、广袤的天然草场……

这都不是最让人激动的发现。莱夫·埃里克松的养父蒂尔克在闲逛时迷路了，但他惊喜地发现了一些奇异的果子，他把它叫作酒味浆果，事实上他发现的这些植物可能就是葡萄、蔓越橘、醋栗。维京人对这样的植物太喜欢了，它们可以酿成烈酒。养父找到回来的路后，将这些惊喜告诉了他，莱夫·埃里克松非常高兴，他把这里叫作文兰，即美酒之地。

回去后，想再次来到此地进行殖民的愿望落空了。因为，一种非常可怕的瘟疫被一批冰岛的殖民者带到了格陵兰岛。很快，瘟疫蔓延，死了很多的人。莱夫·埃里克松必须担起重任，继续探险殖民的事移交给弟弟索瓦尔德。

可惜，索瓦尔德却死在了北美洲，侥幸回来的人寥寥无几。莱夫·埃里克松最小的弟弟索尔斯坦想找回哥哥索瓦尔德的遗体，不料也命丧途中。

还是去文兰岛吧，那里更吸引人。一支由托尔芬·科尔塞夫尼带领的探险队出发了。然而，这一次去，附近的斯克瑞林人出现了，他们先是与其做生意，后来双方发生战争，死伤较大，谁也奈何不了谁。

更可怕的事接踵而来，由于格陵兰岛人满为患，地形崎岖，植被稀疏，以畜牧业为生的维京人在这里的生存越来越困窘。

去文兰殖民能很好地解决这些问题，格陵兰岛与巴芬岛之间只隔着戴维斯海峡，在巴芬岛的西边就是广袤的北美大陆，那里植被茂密，森林资源尤为丰富。相比在北极圈的其他地方，那是更适合人居的地方。然而，文兰及周遭的原住居民也是厉害的角色，维京人无法征服他们。格陵兰岛就只能依靠原来的生命线运转，只能与斯堪的纳维亚半岛进行远距离贸易。

有总比没有好，到了 11 世纪，这条生命线的贸易发生了变化，维京人正遭受着灭顶之灾。可悲的是，他们却不知道。

随着格陵兰岛与世隔绝的情况越来越严重，那里的气候也在发生着可怕的变化。大约从 14 世纪中叶开始，全球的气温变低。从这一角度看，当时的中国也受到影响，比如一种观点认为明朝的衰亡也和全球气候的变化有关系。气候条件的恶化使得格陵兰岛的可耕种面积进一步减少，就连能生活在冰屋的因纽特人也向南撤离了。

根据现代考古学的发现，从格陵兰挖掘出的人骨分析可以看出维京文明的湮灭过程。首先，维京人的寿命大幅度缩短，原先的寿命大约在 50 岁，此时那些能从出生健康活到 18 岁的，有一半在 30 岁之前就死了，男女平均身高不到 1.5 米，这对能征善战的维京种族是莫大的伤害。其次，饥荒开始蔓延。第三，因气候变冷，原先还能相互走动的维京人，现在几乎不能来往了。于是，信息的互通、亲情的稳固都受到严重影响。

更可怕的是，很多地方已经是荒无人烟了。一位名叫伊瓦尔·巴达尔森的维京人在日记里写道："没有人烟，没有基督教徒，也没有异教徒，只有很多在野外乱跑的绵羊。"而幸存下来的，也没能活多久，恐怖的黑死病夺去了他们的生命。厉害的斯克瑞林人、因纽特人不断袭击和掠夺他们，他们被杀死或被贩卖到奴隶市场。

冰岛上的或者其他地方的维京人不再向西航行了，格陵兰岛从此成为死岛，是维京人自己切断了生命线。因为那些在斯堪的纳维亚的维京人发现在贸易市场中大受欢迎的商品，比如象牙、毛皮、海豹皮在离他们很近的俄罗斯也有，谁还愿意远涉重洋，冒着生命危险去开拓殖民地、获取珍禽呢？最重要的是，那些异域商品，在东方应有尽有，海盗们将目光转移了。

维京人该何去何从？他们以劫掠、杀戮、开拓殖民地的方式还能纵横多久？他们的资本积累要怎样才能得到有效的补充？

英雄人物，是的，英雄能挽救危局！

历经风雨，北海大帝横空出世！

力挽狂澜的北海大帝克努特

维京人的鼎盛

从其他国家抢掠财物，这是古老的维京传统，大量的白银涌入维京人的口袋。10 世纪的时候，维京人能通过熟练地鉴别他国金属货币的形式来确定货币的所属国，比如阿拉伯国家、拜占庭……在这当中，要数阿拉伯国家的迪拉姆货币纯度最高、质量最好、面额最大。当时对金属货币的掌控意义重大，可以通过贸易获得，也可以劫掠……

当这些货币大量涌入到一个国家，其富强不言而喻。大量迪拉姆货币涌入日德兰半岛后，国王戈姆、蓝牙王哈拉尔德才得以建立王权，并能维系其统治。当时的王室力量不容小觑，若给予他们大量的财富就能获得他们的支持。

因此，可以这么说，阿拉伯银币对王国的建立起到了重要的作用。像丹麦王国的建立就受益于此。然而，到了 10 世纪中叶，阿拉伯银币基本上枯竭了。外流严重、质量越来越低，这些棘手的问题难以解决。维京人刚开始和阿拉伯人进行贸易的时候，迪拉姆货币的含银量高达 90%，到了 11 世纪就下降了 5%。维京人在遭遇之前的衰败后，需要大量的白银，阿拉伯国家这条路可能行不通了。

英格兰是最好的选择，它是当时西欧最繁荣、富有的王国。维京人的铁算盘开始拨响了，国王和平者埃德加死后，留下了两个年幼的儿子，年仅 13 岁的爱德华继承了王位。比较尴尬的是，北方的大部分地区不认可爱德华，民间传言他是私生子。这位年幼的爱德华在统治英格兰期间遭受到暗杀。随后，继位的是同父异母仅有 10 岁的弟弟"决策无方者"埃塞尔雷德。

"决策无方者"在英国历史上是个奇怪又不吉利的称号。埃塞尔雷德这样的称谓到底是何意呢？很简单，就是说埃塞尔雷德不能从侍臣那儿获取到什么好的辅助建议，相当于孤家寡人了。又或者说，他就是被周围权臣掌控的傀儡。

"八字胡"斯维恩，这位凶猛的维京国王瞅准这样的好时机，大肆洗劫了英格兰。而"决策无方者"埃塞尔雷德在饱受洗劫的同时，还要被迫用大量的白银来换取短暂的和平。更愚蠢的是，他在 1002 年圣布莱斯节的时候犯下罪恶，下令屠杀了英格兰境内的所有丹麦人。在和平的节日里搞大屠杀，仅仅是因为他觉得北部丹麦地区的臣民包庇、鼓励、纵容维京人的抢劫，他由此想到这些臣民极有可能会暗杀他，就像当年被暗杀的爱德华那样。

可怜的埃塞尔雷德，他的祖辈——阿尔弗雷德大帝当年是多么的智勇双全啊！打败过不可一世的维京人，建立了强盛的帝国。1013 年，"决策无方者"埃塞尔雷德在"八字胡"斯维恩军队的推进下，仓皇地逃到诺曼底去了。

英格兰就这么属于维京人了。11 月，伦敦投降，圣诞节那天，"八字胡"斯维恩加冕成为英格兰国王。至此，维京人到达鼎盛时期，斯维恩完成了连"无骨者"伊瓦尔都没能完成的事。1014 年 2 月，"八字胡"斯维恩去世，他的儿子克努特还未成年。

根据相关记载，"北海大帝"克努特身材魁梧，满头金发，眼神明澈犀利，唯一的缺点就是鼻子长得小，呈鹰钩状。

1016 年，克努特在击败对手埃塞尔雷德的儿子埃德蒙的势力后，加冕成为统治英格兰的第一位维京国王。

他统治下的北海大帝国是北欧海盗最后的辉煌，1035 年，克努特去世，北海大帝国很快就分崩离析，自此之后，再也没有取得过骄人的战绩了。

进攻与征服

那位逃到诺曼底的狼狈国王埃塞尔雷德，在短短几个月的时间里就东山再起了。这一次，他带领着由诺曼人与英格兰雇佣兵组成的厉害军团，渡过英吉利海峡准备一雪前耻。

埃塞尔雷德成功了，但他的确是"决策无方者"，这样轻而易举地重新得到英格兰王国，却遭受到儿子埃德蒙的背叛。埃德蒙在丹麦地区建立了属于自己的政权，想方设法地阻挠父亲对丹麦地区的控制。

克努特，这位将维京民族推向巅峰的北海大帝在得到自己的哥哥哈拉尔德二世的支持后，招募军队踏上征途。

一支 200 艘战船组建的舰队，加上万名士兵，他们气势汹汹，英格兰损失严重。埃塞尔雷德将抵御外敌的重担交付给儿子埃德蒙和妹夫伊德里克·斯特雷奥纳。这两人都是厉害的角色，他们带领英格兰人民奋勇抵抗。不久，埃塞尔雷德退位，埃德蒙成为英格兰的新国王。

战争期间，伊德里克·斯特雷奥纳公然倒戈，这一行为使他成为英国历史上万人唾骂的卖国贼，而埃塞尔雷德也因此蒙受羞辱。

克努特在得到伊德里克·斯特雷奥纳的支持后，如虎添翼的他很快将埃德蒙的军队逼到埃塞克斯，在这里发生了两场具有重要意义的战争。

然而，战争形势多变，克努特竟然败了，他不得不撤退。不得不说伊德里克·斯特雷奥纳是属墙头草的，这时候他决心回归，埃德蒙不计前嫌，同意了。

随后，埃德蒙准备回军招募更多的士兵，在行军至埃塞克斯的旷野时，克努特却神出鬼没地突然发动袭击。这一次，双方杀得血肉横飞，死伤无数。然而就在战争的最关键时刻，伊德里克·斯特雷奥纳再一次背叛了。

结果显而易见。埃德蒙身负重伤，手下大部分将领都牺牲了。在无奈与愤懑中，埃德蒙带着残余的军队逃到格洛斯特郡的一个岛屿上。

在格洛斯特的岛屿，埃德蒙与克努特签订了协约。协约规定：

一、泰晤士河以北的英格兰北部属丹麦人管辖，英格兰南部地区由埃德蒙继续统治。

二、先离世的一位君主要把自己的领地让给另一位君主，后者的后裔统治整个英格兰王国。

这里面有一个问题就产生了，为什么克努特不乘胜追击？事实上，埃德蒙因重伤在身，命不久矣。克努特之所以愿意签订这份协约，一方面是对他英勇善战、誓死保卫国家精神的敬佩，更重要的一方面是用了一种非常巧妙的策略确保了丹麦人对英格兰的统治，从而保证以后丹麦的统治者不会蒙受被赶出去的羞辱。

结局不用多说，埃德蒙离世后，克努特成为英格兰的国王。不得不说，维京人是厉害的民族，英格兰最终还是被其征服了。

残酷的现实

克努特知道还有许多潜在的威胁存在，于是他采取残酷的手段扫除这些威胁。

比如他处死了那个墙头草伊德里克·斯特雷奥纳，为了震慑背叛者，他把其头颅悬挂在伦敦桥上。

又如，埃德蒙的弟弟以及连带的伯爵，全部被处死。

……

为了强化自己统治英格兰的正统性，克努特采取与英格兰王室联姻的策略，娶了埃塞尔雷德的遗孀爱玛。爱玛是诺曼人，她是这个策略下的最佳人选，而爱玛为了重获王室权力，竟然抛弃了自己的两个儿子。婚后，爱玛生下一名男婴，取名哈德克努特。

考虑到所有的威胁都已经扫除，克努特解散了自己的军队，只保留40艘战船的军力作为常备军。为支付遣散、退役的士兵费用，他需要募集7.2万磅的白银。

能否得到这笔数额庞大的白银是对他统治是否牢固的检验。

克努特做到了。

就在克努特向遣散、退役的士兵支付了这笔费用的时刻，他的哥哥哈拉尔德二世去世了。哥哥统治的丹麦王国陷入混乱中。

克努特花了10年的时间才将这场混乱平息，他也最终获得丹麦的认可，成为斯堪的纳维亚半岛的主宰。

1014年4月23日，在爱尔兰东海岸都柏林的克朗塔夫爆发了著名的克朗塔夫战役，战后都柏林的维京人势力大减，也标志着维京人在爱尔兰的势力锐减。然而，维京人已经建立的城镇继续繁荣，且贸易成为爱尔兰经济的重要部分。

挪威、瑞典看到克努特越来越强大，试图阻止，但由于自身实力问题，未能如愿。特别是经过1026年的战役，克努特击败了这两个国家的联合海军，两国的实力更大不如前了。而此时克努特的势力已经异常庞大了，他要通过战争的形式控制爱尔兰，并成为这里贸易往来的主导。

克努特现在所能控制的疆域已经很广袤了，东起波罗的海，西到爱尔兰海域，北至斯堪的纳维亚半岛，南达奥克尼群岛、马恩岛和设得兰群岛，成为声名鹊起的北海大帝。

为了维系帝国，克努特知道仅凭武力征服是不够的，从经济上掌控才是更好的策略。因此，他决定铸造通用货币，斯堪的纳维亚半岛成为铸造货币的优选之地。另外，他还仿效君士坦丁堡统一度量衡的制度，这样一来，北海帝国就能更好地与欧洲市场连为一体了。

1027年，克努特受到罗马教皇的邀请，参加罗马皇帝康拉德二世的加冕礼，这就更加确立了他在欧洲君主中的重要地位。

1035年，克努特去世，统治英格兰20年的北海大帝走完了人生的征途，英格兰举国哀悼。10年后，他的后裔也全部死去，庞大的帝国快速崩塌，而英格兰再次被本土王朝统治。最可怕的是，维京人昔日的开拓精神也逐渐消失了，只剩下挪威的西部还保留一些。由此可见，精神的坍塌将是一个民族最可怕的摧毁，伴之而来的政治、经济等多方面也会受到严重影响。

维京人口的大量减少，让他们没有足够的数量保持海军方面的优势，再加上德国汉萨同盟商船洗劫了哥本哈根，斯堪的纳维亚的贸易主导权再也不属于他们了。

曾经不可一世的海上战狼，昙花一现的北海帝国，最终还是在维京人的无奈与难以割舍中再次走向衰亡。

一个残酷的问题摆在维京人面前，精神衰亡，还能浴火重生吗？

海上战狼的最终落幕

内耗

在《哈拉尔德国王萨迦》里有这样的记载：强大的哈拉尔德败落了，我们都陷入了困境。

北海大帝克努特在 1028 年做了一件让人唏嘘的事，他居然出钱给那些对奥拉夫不满的人，以煽动他们叛乱。这次煽动很成功，奥拉夫的统治崩盘了。

这其中的缘由很有意思，作为战略家的奥拉夫足智多谋，但他太看重自己的权威，过于骄傲自负，因此，贵族在他那里没有了用武之地，这就导致他与贵族之间的关系出现了罅隙。

奥拉夫是有资本骄傲、自负的，作为挪威声名显赫的第一位国王哈拉

140

尔德的后裔，他备感自豪。

13 岁的奥拉夫就出海闯荡，做起了维京人擅长的劫掠行当。1014 年，他做了一件惊天地的大事，成功地袭击了伦敦，动摇了克努特的统治，这使得他声名鹊起。之后发生的事彻底改变他的人生轨迹，他在诺曼底的时候皈依了基督教，并接受了洗礼。从此，他打算用这种新的信仰力量来统一挪威。

一开始，进行得很顺利，奥拉夫不但巩固了自身的统治地位，还拓展了疆域，控制了奥克尼群岛，将丹麦人的势力赶出了挪威，最后还娶了瑞典国王的女儿。至此，奥拉夫的影响力如日中天，对克努特造成了较大的威胁。

现在，我们可以回到文中开头克努特使用煽动计谋一事了。计谋能成功施展需要一个前提，就是奥拉夫的所作所为激起了许多人的愤懑与不满、哭诉与质疑。奥拉夫声称自己是虔诚的基督教徒，然而，有两件事做得很失败——

一、他让国内的农民都皈依基督教，这种强行的宗教信仰干涉，引来农民阶级的强烈不满。为了威慑这种不满，他割下了不少人的舌头。

二、对贵族极为不尊重，除了出言不逊，还弄瞎了一位贵族的眼睛。

此外，根据文献的记载，奥拉夫是一个"寡言少语……但却无比贪财"之人。性格上的孤僻，自然也造成了与国内农民、贵族之间相处的不融洽。

克努特洞悉了这其中的严峻问题，所以，他的煽动计谋成功了。

落魄的奥拉夫逃到了基辅大公——雅罗斯拉夫那里。1030 年，奥拉夫招募了一批雇佣兵，这些士兵来自丹麦、瑞典、挪威，骁勇善战，有了这支军队，重夺王位的希望迅速点燃。

这时，奥拉夫率军穿越瑞典，那里有他的 15 岁的弟弟哈拉尔德接应，年少的哈拉尔德被人称为"无情者"，他也带领了 600 多名维京战士。

两兄弟一见面，热情高涨。当他们回到国内时，农民并不欢迎他们，反而联合贵族拼死对抗。1030 年，在北部的一个农场发生了挪威历史上著名的斯蒂克莱斯塔战役。当时，天象怪异，出现日食，天地间很快就一片漆黑，似乎预示着将有大事发生。

由于敌众我寡，奥拉夫遭受到了沉重的打击，浴血奋战中不幸膝部被敌人一箭射中，剧烈的疼痛感让他不得不跌跌撞撞地往回逃。这时，又一支箭袭来，射中颈部，鲜血瞬间如注而出，奥拉夫再也跑不动了，倒在一块石头上。之后，奥拉夫腹部再受一箭，这一箭要了他的命。

奥拉夫一死，士兵们很快就溃不成军了，如受惊的兔子般四下乱窜。清理战场时，奥拉夫的尸体被埋在附近的河流岸边，而那些活下来并逃走的士兵全都隐姓埋名了。

事实上，奥拉夫不应该被杀死。因为，在外族的统治下，挪威王国走向了衰落，这时候，挪威人——尤其是那些反对过奥拉夫的农民、贵族恍然大悟，他们开始想着光复本土的事宜。一年多后，挪威人将奥拉夫的尸体从坟墓里掘了出来。让人惊讶得说不出话的场面出现了，奥拉夫的尸体竟然完好无损。

他们认为奥拉夫的死是具有一定神圣意义的，1031 年罗马教皇追认他为圣徒，本来追认圣徒是地方教会的事，但奥拉夫是出于守护基督教而战死在黑暗中的，所以，教皇对此事很重视，认为追认一事应该上升到最高层次。同时，挪威人还在当年埋葬奥拉夫的地方修建了一座大教堂，而教堂的祭坛中央镶嵌了他临死前所躺的石头。

奥拉夫可能自己也没有想到死后还会产生这么巨大的影响力。挪威人把他当作精神守护神，守护贫苦的农民、辛苦的水手、流离的商人……而奥拉夫当年所犯下的罪到了现在全部被人们遗忘，他成为这个国家万众敬仰的君主，还有国家的标志。

最后的辉煌

能继续扛起奥拉夫光复大旗的就属他的弟弟哈拉尔德了。当年，在斯蒂克莱斯塔战役中，他作战英勇，斩杀许多敌军，负重伤后侥幸躲过一死。趁着夜色逃跑时，他还作了一首诗，也可见其壮志雄心与浪漫情怀了。在诗中他写道："……伤口流着鲜血，我独自匍匐，穿过无尽的山林。贵族们疯狂屠杀着负伤的人，我想，终有一日他们能找到正统的领主，到那时我的大名也将远扬故土。"

关于哈拉尔德，他身上有太多让人惊异的地方。据说，他身形魁梧，有两米多高，和他的母亲一样，即便在没有什么实权的情况下，依然狂傲不羁、野心勃勃。奥拉夫死后，哈拉尔德被看作是最后一批骁勇善战维京人的典型。他酷爱乌鸦旗，他的脚步遍及中世纪的各个国家，乌鸦旗飘扬在拜占庭帝国、高加索、北非、希腊的基克拉迪群岛、幼发拉底河……

哈拉尔德作战时很注重计谋和智取，他独创了厉害的盾牌战；针对破城，又以放鸟火攻的打法让对方毫无招架之力。

在攻打西西里岛上的一座城池时，久攻不下。一天，他正思考破城之法，发现城中的许多小鸟飞向城市周围的乡村去觅食，他忽然灵机一动，当即下令士兵大量捕鸟。士兵们都感到诧异不已，不知为何意。但当他们看到哈拉尔德将冷杉木的薄片（即木刨花）绑在鸟的背部，又涂上混合着蜡和硫黄的易燃物时，都明白是怎么回事了。数不清的小鸟，搭载着被点燃的冷杉木薄片飞回了鸟巢，引燃了屋檐。不久，全城燃烧起来，哈拉尔德一声令下，士兵们杀入城里。

现在，我们将时间回转，哈拉尔德在斯蒂克莱斯塔战役失败后逃到了雅罗斯拉夫的宫廷里。其间，他服务于基辅大公，从此开始了他战功显著的战斗人生。

在出征波兰、打败周遭的游牧部落后，哈拉尔德的声望逐渐大了起来。这时，他迎娶了雅罗斯拉夫的女儿来提升自己的威望，并实现其野心。

之后哈拉尔德决定去君士坦丁堡，这座被维京人称为伟大的城市。1034 年哈拉尔德来到了那里，他赶上了一场空前的盛典，君士坦丁堡的新皇帝米海尔四世正在进行加冕仪式。

▲ 维京武士

哈拉尔德带领着 500 名骁勇善战的维京士兵加入了瓦兰吉卫队。这是一支作战极其凶悍的重装步兵部队。他们常常自带武器，使得士兵们能将自身的特长发挥到极致。当然，他们最擅长的还是鼎鼎大名的丹麦大斧了，这是传统的维京双手战斧，劈、砍、剁、抹、砸、搂、截等生猛杀技在卫队士兵的手里虎虎生风。由于丹麦大斧杀伤力强大，卫队甚至摒弃了一开始的罗姆法亚剑，而这种特殊的武器也成了瓦兰吉卫队的标志。

同时，卫队士兵多采用重装甲，像使用铁质圆头盔、护手、护胫的全身链甲，此外，瓦兰吉卫队也会使用粘接圆盾或筝型盾，就连战骑也配备有马甲和防护面部的锁子甲，可谓十足的重型部队。

　　拜占庭帝国在入侵保加利亚、进攻法蒂玛王朝、攻击亚美尼亚、格鲁吉亚以及平定尼基弗鲁斯·福卡斯的叛乱时，有很多作战地点都是在山区，骑兵在这样的地形下是很难进行厮杀的。瓦兰吉卫队的特殊作用就在这时候发挥出来了，拜占庭依靠这支强大的步兵部队成功地击败了在这些地段的部队，就连死守、不屈的保加利亚人也无法抵挡。

　　哈拉尔德 500 名强悍兵力的加入，据说成功震慑了当时极有可能发生的军事政变。不管怎样，哈拉尔德新的人生就此开始了，他和米海尔四世成为当世双雄。

　　米海尔四世在位期间，发动了一场最具野心的战役，那就是入侵西西里岛。他希望这场战役能将阿拉伯人驱逐出去，重新夺回对西西里岛的控制。为此，拜占庭著名大将乔治·曼尼亚克斯亲自出马，根据希腊史书中的记载，此人的"双手似乎能撕破城墙，也能捣碎坚固的铜制大门"。瓦兰吉卫队也紧跟步伐，此外还有雇佣兵参战，比如以铁臂著称的威廉。

　　乔治·曼尼亚克斯让瓦兰吉卫队做先锋，哈拉尔德很快就脱颖而出，凭借出色的指挥才能和计谋，多次直捣敌方阵营中心。然而，即便是在入侵西西里岛的战斗中取得了一系列胜利，但最终还是没有取得成功。

　　战争的失败与哈拉尔德没有任何关系，乔治·曼尼亚克斯是一个脾气暴躁的将军，先是与诺曼雇佣兵发生争执，造成诺曼人心怀不满。然后，又动手打了一名无能的军官，而这个军官是米海尔四世的妹夫。当然，这次失败的原因不只这些，但内部的隐患往往在其中起到极不好的破坏作用。

米海尔四世召回了乔治·曼尼亚克斯，而哈拉尔德也受到影响，他的戎马生涯就此终结。当他回到米海尔四世身边的时候，这位有着癫痫病的皇帝病情越来越严重了。1041 年 11 月，米海尔四世去世，随后，米海尔五世继位。哈拉尔德迎来人生的又一次挫折，由于新皇帝不待见他，再加上他自身的贪婪，很快哈拉尔德就被捕了，被关进了有狮子的监狱，这等于就是要他死了。

凶猛的哈拉尔德竟然徒手就打死了凶恶的狮子。随后，被放了出来，不久，又因私藏战利品被捕（另一种说法是《北欧萨迦》中的记载，因 65 岁的佐伊皇后爱上了他，而哈拉尔德表示了拒绝，佐伊皇后倍感受辱，于是就找了个借口，下令抓捕了他），这次恐怕在劫难逃了。然而，在这时候宫廷里发生了一次血腥政变，米海尔五世被推翻。而在政变中，据说哈拉尔德还弄瞎了米海尔五世的眼睛。

从政变走出来的哈拉尔德回到了挪威，但他的侄子马格努斯已经登上了王位。

同维京人典型的做法一样，哈拉尔德要求侄子马格努斯分一半的国家财产和领土给他。马格努斯拒绝了这样的要求，但他又担心哈拉尔德夺权，于是采取了很多暗杀活动，未果。两年后，马格努斯去世，因没有子嗣，王位为哈拉尔德所得。

哈拉尔德将在拜占庭所学到的独裁统治模式引进挪威，并开始了长时期的对外扩张，挪威帝国的掌控力大幅度提升。1064 年，哈拉尔德厌倦了连年的征战，决定与丹麦国王讲和。讲和的另一个原因是他将注意力从北海转移到了英格兰。因为当时英格兰的国王爱德华生命垂危，且没有子嗣，作为维京人的后代，他觉得自己最有资格继承王位。

▲哈罗德在一片不看好的情况下继位

　　显然，英格兰人不欢迎哈拉尔德。1066 年 1 月 5 日，爱德华去世，戈德温伯爵之子哈罗德继承了王位。

　　当时哈罗德的弟弟托斯蒂格正在遭受流放，心怀恨意的他打算招募一支军队重返英格兰。1066 年的春天，他来到挪威，说服哈拉尔德帮助自己，并自信地告诉他，英格兰人肯定欢迎哈拉尔德。

　　哈拉尔德高兴不已，组织了一支 240 艘战船的舰队，并募集了 9000 名士兵。随后，经由北海先劫掠英格兰，再返回海上沿着诺森布里亚海岸南下，在约克城附近登陆。

　　没有遭受到什么阻击，哈拉尔德的军队就进入到约克城。由于天气酷热，维京人脱下了战袍，并放下了武器，再加上托斯蒂格天真地以为英格兰人会欢迎他们。这一次，哈拉尔德陷入了困境。原来，哈罗德早已做好了准备，只不过封锁了消息而已。由于没有武器，在斯坦福德桥哈拉尔德的军队被打了个措手不及。

然而，维京人毕竟是善战的，哈拉尔德一边使用双斧疯狂砍杀英格兰士兵，一边命人去通知守船的士兵前来增援。战争的形势很快发生逆转，英格兰的军队在维京士兵的盾牌阵前遭受到残忍的屠杀，而这时候，哈拉尔德也将军队撤退到了大桥对面，并很快重新组织了盾墙阵。

哈拉尔德像一匹狼一样在敌阵中砍杀，维京士兵顿时士气大增。一场血战开始了。可惜的是，哈拉尔德被一支冷箭射中了喉咙，当场毙命，随着倒下的是那绘有乌鸦图案的拓疆旗。

维京人失败了，只有少数人逃回了挪威。哈拉尔德的死亡，也使得维京人构建的世界随之坍塌。北海大帝后，维京人所做的最后努力也如昙花一现，但哈拉尔德的影响力并没有消失，他死后的多年，还有冰岛的诗人歌颂他："曾横跨北部的海洋，抵达当时日益衰败的维京世界的边缘。"

哈拉尔德无疑是声名显赫的。无情者、保加利亚焚烧者、耶路撒冷朝圣者、军队首领、诗人，这些称号都属于他，当然，也属于每一个维京人。

哈拉尔德的遗体安葬在特隆赫姆，维京时代从此落幕。

巨人时代的落幕

维京人常说："生命终有尽，唯名不可朽。"

由于维京人以凶悍出名，即便到了现在留给我们的印象都是这样的：

他们不受约束，他们狂喊着从龙首船上跳下来，他们挥舞着战斧，四处冲杀。

显然，这是片面印象——维京人虽然很暴力，他们在带来破坏的同时也随之产生了许多创造。其中最具意义的就是因维京时代而产生了中世纪西欧的四个大国：法兰西、英格兰、神圣罗马帝国、西西里王国。

这里，我们单说英格兰。北欧人到来之前，英格兰在政治上是四分五裂的，维京人踏上这片地域，清除了其他政权，只保留了本土王国韦塞克斯。他们相信韦塞克斯最终能统一英格兰。

维京人努力践行不折不挠的拓展精神，他们的造船技术极为精湛，通过远征让维京人建立起了一套复杂的精密的贸易网络。而这辛苦建立起来的贸易网络竟然覆盖了从巴格达到北美沿岸的广阔地带。在东欧的维京商人新建集镇，开通了与拜占庭帝国之间的贸易线，使得古罗马帝国的贸易体系得到了更为广阔的发展空间。而在东欧建立的一些中央集权的国家，成了今天的乌克兰、白俄罗斯、俄罗斯。

我们说维京人是海上优秀民族，这一点毋庸置疑。他们由海出发，一路劫掠，获得财富无数，从而逐渐壮大起来。从公元 9 世纪，维京人在都柏林扎根立足，在整个公元 10 世纪里，维京都柏林发展成了都柏林王国，它由一座繁荣的城镇和周围一大片乡村地区组成。之后，维京人继续对外开拓，到了克努特时期，维京人建立的政权与疆域达到了鼎盛。

而从最初的野蛮劫掠、杀戮、绑架到注重经济贸易，这是维京文明的进步。比如维京人驾驶着长船越过波罗的海，那里有密布的森林，有适合做贸易的地带。他们从生活在波罗的海地区的芬兰人手中得到蜂蜜和蜂蜡，又从北部地区的拉普人手中得到珍贵的极地动物毛皮、琥珀。

当贸易进行到一定程度，维京人的暴力也伴随而来，我们有必要探讨这种暴力的危害。贸易长期、稳定地进行是需要一些相对公正的法则的，若这样的法则遭到践踏，势必引起对抗。维京人野蛮地将斯拉夫人贩卖到斯堪的纳维亚半岛，芬兰人也参与其中。

这或许就是比较早的根源——不公平的交易法则、罪恶的奴隶贸易终会导致相应而来的反抗，当时的很多统治者为了贿赂维京人，像那位倒霉的"决策无方者"埃塞尔雷德就曾贿赂维京人重达 1.8 万磅的白银，这一举措随之招来的是国内人民反抗情绪的滋生。此外，就连曾经参与奴隶贸易的芬兰人到后来也独立了，更不必说罗斯国了，那是从意识形态、文化等多方面的"大变异"。

在先进文明面前，落后的文明更容易被同化，而因对抗产生的民族凝聚力，又促进一种强大的政权产生，像罗斯人虽然承认自己是维京人，但他们更愿意视自己为俄罗斯人。到后来，与庞大的斯拉夫人相比，因人口数量、文化交融，罗斯人又被同化了，他们在斯拉夫世界建立了第一个中央集权国家——罗斯国。

而维京人在受到东罗马帝国的影响后，其文化也逐渐在罗斯国消失。更可怕的是，在 1472 年拜占庭帝国末代皇帝君士坦丁十一世的侄女索菲亚嫁给了伊凡三世后，维京文化彻底在罗斯国消亡了。因为，她最终摒弃了东正教，转而信仰天主教。

维京人在不断的征战扩张中，可能忽略了本民族文化的培养、积淀，或者说因自身文化的缺失没有能力在疆域拓展的同时做到文化并进。这样的后果将导致在殖民拓展、经济贸易中缺乏核心竞争力。

文字、语言传播方面，维京人的如尼文字冗繁复杂，不适合推广，弗拉基米尔大公时期，主教对国家事务的管理具有很大的权力，当弗拉基米尔决定皈依基督教的时候，需要一种书写文字，他没有选用如尼文字，而是选用了西里尔文字。这是一种脱胎自希腊字母的格拉哥里字母，与我们今天的拼音有着相似之处，在当时的文字中使用相对简单，而如尼文字因晦涩难懂，不太适用法典的颁布、祷文的起草、贸易进行中的沟通与交流。

　　著名的《罗斯法典》就是弗拉基米尔的儿子雅罗斯拉夫采用西里尔文字颁布的，分为简编和详编两部分，为后世研究古罗斯社会、政治、经济状况提供了真实材料，并且，这部法典是建立在拜占庭帝国法典基础上的，而非采用维京人的法典，这当属维京人文化缺失的一个典型案例。

　　意识形态方面，像紧接上述而产生的罗斯帝国的意识形态，与维京人的世界也有诸多的不同。在以基辅为中心地带而辐射的国家疆域中，是拜占庭大量的手工业者、艺术家、建筑家纷纷涌入，而不是维京人。由此可见，他们心中更认同的是拜占庭帝国，而拜占庭帝国大量的人才涌入基辅无疑对维京人是一种说不出的痛。

　　那些在维京人建造的维京木屋，到了弗拉基米尔时期就消失殆尽了，取而代之的是用砖块或大理石砌成的建筑，更让维京人郁闷的是那些教堂的风格也在发生变化，像著名的诺夫哥罗德的圣索菲亚大教堂就是圆顶的石砌教堂，是仿照君士坦丁堡的拱形教堂建筑。

　　似乎所有的一切都在以君士坦丁堡为标准，维京人意识形态下的诸多产物正遭受到一种前所未有的伤害。另外，虽然罗斯人在情感上有那么一点儿与维京人有关系，像弗拉基米尔将维京海盗王尊为领主，这是因为他们曾经臣服于维京人（奥拉夫、哈拉尔德、马格努斯都曾掌控过基辅）

而已。

但是，当罗斯人觉得自己与维京人不同的时候，这一切就发生了很大的变化，具体表现在以下三点：

一、不再使用古诺尔斯语。这是日耳曼语族的一个分支语言，和古英语有着密切的关系，在维京时代到公元1300年左右，通行于斯堪的纳维亚居民以及海外殖民地。从罗斯国不再使用维京人的语言可以看出，维京人在殖民地的影响力已经呈下降趋势。

二、不再用维京人的名字。15世纪的时候，只剩下斯堪的纳维亚半岛人的名字在罗斯国流传，但保存下来的差不多都已面目全非了。像Lvarr变成了Lgor，Olaf变成了Uleb，这里的Lvarr和Olaf是维京人常使用的名字。

三、不再把维京人当作盟友，而是当作贸易竞争的对手。

这样看来，维京时代是一个充斥着毁灭行径的时代。他们大肆劫掠，如钱币、银器、金属、奴隶、木材等战利品。根据法兰克人留下的一些记录，单单9世纪，法兰克帝国就向维京人进献了重约4.5万磅的白银，需要一提的是，这不包括劫掠走的财富，它只占劫掠财富的三分之一。维京人劫掠如此多的财富，并没有使得维京时代更为长久地发展下去，反而在到达顶峰后就瞬间崩塌了。

当然，我们从另一角度来看，维京人在构建贸易圈的版图上，比如他们与格陵兰、拜占庭之间的贸易，为北欧白银的流入做出了较大的贡献。大量的贵金属涌入北欧市场，使得这里的人改变了物物交换的交易模式，而采用货币交换，促进了斯堪的纳维亚半岛与北欧市场的贸易融合。

并且，主要的影响还在扩大，像海泽比、比尔卡等贸易活跃地区，就广泛使用根据法兰克、拜占庭、盎格鲁－撒克逊人的钱币而铸造的属于维京人的钱币。

除此之外，大量的劫掠而来的财富为维京人的挥霍提供了可能，他们耗费巨资修建宅邸，赏赐下属；他们囤积大量财富，以彰显自己的荣耀；他们穿戴金手链、金项圈……大量的奢侈品不断地涌现。看到这些，我们不由得想起西班牙因挥霍无度而导致的衰败。

曾经拥有强大的进取心，如今在无数的财富面前是多么的不堪一击。而这只是冰山一角，也是维京人在他们的时代中有过多次衰败的重要根源之一。

如果他们愿意花更多的时间、精力、智慧去构建更多的贸易圈，进行广泛的经济、文化交流，维京人的世界会是另一番景象。

这并不是说维京人没有在这方面努力，只是到了 10 世纪末，由于北欧封建化进程基本完成，欧洲大陆较为先进的农业生产技术让维京人折服，曾经一心想在海上有所作为的维京人，对陆地的渴望大于对海洋的渴望。能够依靠所获得的土地而生活，为什么还要冒着生命危险、高额成本去从事海盗式的劫掠呢？

到了 11 世纪，因各种征服、协约和联姻，挪威、丹麦、瑞典、英格兰、诺曼底统治家族之间的关系变得非常复杂。他们为了争夺继承统治权以及领地归属而不断发生战争，多个小王国并存的现象时常存在，加之内部的无休止消耗使得维京人不再像先前那样团结，而作为精神导向的哈拉尔德的战死更使得维京人对外扩张的野心骤降，那种海上战狼般的基因也随着时间和空间的变幻而退化。

所以，维京人的梦想——由海出发，横扫欧洲大陆的野心就日渐消失了，原先由海上构建贸易的优势也逐步让位于其他国家，而留给我们的，是一番沉重的思考——

一个海洋民族在离开广阔的大海后是否依然能游刃有余？

一个缺乏进取心的民族如何不走向衰亡？

一个尚武的民族怎样积淀自身的文化，并走向辉煌？

……

或许，真如萨蒙德在《大埃达》中所说："傍晚时分，没有一个人是活着的，他们的归宿在黎明时分便已注定。"

第四章

朝贡贸易：明清时期海外资本运作探秘

明朝的贸易更确切地说是一种朝贡贸易，而非西方所推行的武力军事做先锋，为商人开路的政策。这样看来，明朝朝贡制度下进行的贸易只是一种"怀柔远人"的工具，而不是为了增加国家财富——虽然客观上也在一定时期促进了经济增长和国库充盈。

构建海上贸易商业圈

贸易中心：地中海区域到伊比利亚半岛

可能哥伦布也没有想到发现新大陆后，在大西洋这片宽阔的海域会有那么多的欧洲国家进行商业角逐。

这种海上贸易的争夺是人类海洋文明发展到一定程度时的进阶表现，属于之前地中海贸易的继承。

地中海贸易圈的建立，大约是在 11 世纪的时候，欧洲那时因长期战乱而被破坏的经济开始复苏。这一时期，欧洲各国政府纷纷意识到经济建设的重要性，从跨国贸易中获取财富无疑是经济复苏的最好办法，于是政府采取了鼓励贸易的政策，积极支持商人开拓贸易。在这些国家中，意大利商人最早成为欧洲跨国贸易的主要力量，而威尼斯也随即成为欧洲的贸易中心。

意大利商人更懂得利用军事与政治的力量，一般来讲，意大利商人的崛起是从夺取萨拉森人（泛指阿拉伯人）的商业地位开始的，这是一支信奉伊斯兰教的商业力量，他们控制了地中海贸易区。

具体来讲，萨拉森人创建的贸易航线大致是经由非洲、西班牙，继而控制了地中海的南部与西部，再加上他们又占领了巴利阿里群岛、科西嘉岛、西西里群岛。应该说，整个地中海贸易的主导权都为他们所有。

如何打破这样的贸易垄断，我们不得不简单述及十字军东征。这种以宗教名义而发动的战争背后实际上是有巨大的商业目的的。

由于十字军东征的目的与意大利商人的利益完全吻合，因此，不仅是威尼斯商人，就连热那亚商人也参与其中，他们几乎承担了十字军东征的所有费用。

借助十字军的力量，意大利商人和热那亚商人建立了属于他们的商站与贸易线。具体如下：

一、意大利商人在 1204 年建立了爱琴海殖民帝国，在泰尔、西顿、圣女贞德、卡法等区域建立了诸多商站，并掌控了达达尼尔海峡与博斯普鲁斯海峡的贸易通道。

二、热那亚商人则选择建立国外代理商行的形式，势力范围主要是在科西嘉到卡法、俄罗斯大平原上。

三、在意大利商人中，又以威尼斯商人表现最为突出，他们不单是在从事商业活动，更懂得如何获得政府的支持。

随着贸易的发展，葡萄牙、西班牙等国崛起，他们的贸易拓展方式比意大利商人更直接，大都以最暴力的方式进行赤裸裸的劫掠。其形式有以下四种：

一、直接派出军队进行武力垄断。

二、暴力劫掠商船财富，绑架、勒索收取赎金。

三、贩卖黑奴，获取暴利。

四、开拓、抢占殖民地。

这四种形式虽然残暴，但却直接、迅速地将葡萄牙、西班牙的贸易扩展到全球，建立起最强的世界海上贸易圈，成为当时的海上霸主，将源源不断的财富引入欧洲，并引发了欧洲商业革命。

从 15 世纪开始，地中海的贸易体系就逐步扩展到非洲和美洲，贸易中心则由地中海区域转向伊比利亚半岛。之后，因西北欧的崛起，荷兰、英国等国就逐步挤占了伊比利亚半岛的贸易中心地位。

这里需要说明的是，荷兰和英国，尤其是英国是不需要重新开拓贸易世界的，他们大多采取海盗式的劫掠，直接从葡萄牙、西班牙手中夺取贸易垄断权，虽然在实施的过程中也的确开拓了一些新的贸易航线，但比例相对较少。

荷兰贸易的崛起过程

荷兰是新兴的资本主义国家，与葡萄牙、西班牙的殖民政策有所不同。这个国家不但吸取、借鉴了它们的优势，还纠正了它们殖民过程中的一些错误。简言之，贸易政策较先前完善，如成立了由政府支持的贸易公司（最著名的莫过于东印度公司）。但在贸易扩张和垄断方面，劫掠、打击竞争对手同样是暴力的。

由于政府的积极支持和参与，很快，荷兰后来居上，贸易中心就由伊比利亚半岛逐渐转向北欧。

尼德兰，在这里，我们也可以叫作荷兰，在没有脱离西班牙独立时，已经在贸易政策方面强于西班牙，最明显的一点就是政府对商业、贸易的支持力度与导向控制，"海上马车夫"的头衔绝非浪得虚名。

为什么没有实现独立的尼德兰能在贸易上强于西班牙？有一点必须说明，当时西班牙的贸易政策中存在着致命弱点——鼓励进口贸易。

正是这个政策，导致欧洲大陆的商品大量流入西班牙市场，引发金银大量外流。因此，西班牙贸易的主动权遭受到较为严重的破坏，当主动权移位到国外，西班牙就失去了将殖民地获得的大量财富转化为国内工商业发展的最佳机遇。这也是后来西班牙在与其他欧洲国家竞争中失败的重要原因之一。

保护主义有时候是很奏效的。尼德兰吸取了西班牙因贸易政策导致不良结果的教训，采取对本国商人全面保护的政策，并且，其保护范围由国内扩展到国外。具体来说有以下几方面：

一

为繁荣国内经济，采取开放接纳、吸引投资的方式，将国外优秀的技术人才和商人尽可能地引向国内。当欧洲许多国家还处在战乱与宗教迫害中的时候，尼德兰政府采取开放的移民政策，吸引了大量优秀的技术人才和商人进入到莱顿、阿姆斯特丹、哈勒姆等重要的纺织业城市，这些人的进入使得国内纺织业得到迅猛发展。

大量的国外船员与技术工人帮助尼德兰建立了当时欧洲最为庞大的船队，而造船技术与海上运输能力也在这一时期得到空前提升。17 世纪时，荷兰联合省的船只数量就达到了 6000 艘，其载重总量大约在 60 万吨，"海上马车夫"的美誉实至名归。可以说，大量的劳动力、许多的避难商人、优秀的技术人才的到来为荷兰的崛起做出了重要的贡献。

二

大力支持本国商人争夺欧洲贸易的垄断权，这也为积累更多的商业运作机制与经验创造了有利的空间。当国内市场繁荣后，荷兰政府敏锐地意识到垄断市场的重要性，以避免重蹈西班牙的覆辙。而想要垄断贸易市场就必须将最厉害的竞争对手——汉萨同盟、西班牙排挤掉。因此，从 15 世纪开始荷兰就主动出击，随后取得一系列的成效。

1560 年，尼德兰成功地将波罗的海的海运货物运输吸引过来，占据该区域贸易的 70%，这主要得力于阿姆斯特丹天然的优良港运位置，以及热那亚、葡萄牙商人大量从这里订购小麦，当时意大利、葡萄牙国内粮食不足，需要进口大量的小麦。

更为幸运的是，1560 年西班牙农业陷入危机，尼德兰借这个机会，采取贿赂西班牙贵族的策略，成功地将本国的商业势力渗透到了西班牙。到了 1580 年，西班牙与葡萄牙之间发生兼并战争，因战争而导致的饥荒、逃亡，使得西班牙陷入十分窘迫的境地，为渡过危机，唯有向北欧求助。这样一来，就只能任由尼德兰占据了北方谷物与西班牙白银之间的贸易往来。

另一方面，根据《从海洋开始人生的冒险家们》一书里的描述，欧洲人对黄金有着十分强烈的渴望。仅 1545—1560 年间，西班牙每年从新大陆就运回黄金 5500 千克、白银 24.6 万千克，在这次世界范围内的财富大迁移过程中，西班牙和葡萄牙成了无可争辩的运输队，而荷兰和英国则成为最终受益者。

汉萨同盟其实就是德意志北部城市之间形成的商业与政治联盟。"汉萨"在德语中有"公所"或"会馆"之意，早在 13 世纪就逐渐形成，到了 14 世纪进入兴盛时期，加盟城市最多时达到 160 个。1370 年，汉萨同盟打败丹麦后，签订了《斯特拉尔松德条约》，并在西起伦敦、东至诺夫哥罗德的沿海地区建立了许多商站，垄断了从北海到波罗的海的贸易近五个世纪。

15 世纪初，由于汉萨同盟长期坚持只从最便宜地区采购商品、原料的原则，导致本土地区的农业和手工业得不到更好的发展。随着欧洲重商主义的兴起，汉萨同盟陈旧的经营机制阻碍了海外贸易的发展，那些享有特权和豁免权的汉萨商人（在鼎盛时期，汉萨商人甚至可以左右丹麦和瑞典的王位继承人选）开始受到外国、本国商人的仇恨，再加上更多的竞争对手的出现，贸易选择的多向性产生了，如荷兰、英国的商人开始绕过汉萨同盟，同北欧和俄罗斯建立起了直接的商业联系。

这里需要说明的是，荷兰有底气与汉萨同盟展开竞争，除了集聚大量的财富外，天然的地理条件与长期压抑的仇恨情绪也起到了较大的作用。

荷兰拥有优越的地理位置，港口与河道众多的先天条件，使得航线的开辟有了更多可能性与便利。汉萨同盟虽打着"对内一致，对外和平"的口号开展贸易，实际上施行的却是高压政策。像在诺夫哥罗德的商站针对荷兰就有强硬的规定：不得与俄国商人发生任何金融借贷关系；不得与其他国家的商人合伙开设商号；不得代售其他国家商人运抵诺夫哥罗德的任何商品；禁止荷兰人学习俄语等。因高压而导致的反抗历来凶猛，这种仇恨的情绪使得荷兰商人在针对汉萨同盟的竞争时表现得特别活跃，加之政府的全面支持，为在竞争中逐步形成的贸易垄断提供了滋生的土壤。

三

在欧洲的地位得到巩固后，荷兰人并不安于现状，而是积极地去争夺世界市场。为了在世界市场中抢占更多的份额，荷兰人还建立起了公司与政府相结合的组织新形式。在欧洲贸易得到相应发展后，尼德兰继续向世界范围展开贸易扩张，但当时还在西班牙的控制下。

于是，从 1566 年开始，尼德兰就开展了反对西班牙控制的独立战争。1609 年，西班牙国王腓力三世和尼德兰签订了《十二年休战协定》，实际上就是承认了尼德兰的独立。

1648 年，西班牙国王腓力四世签订《明斯特和约》，尼德兰终于从西班牙的控制中独立出来，并获得欧洲各国的正式承认，建立起了世界上第一个资产阶级掌权的国家。

这时候的荷兰，终于可以大展拳脚同西班牙、葡萄牙抢占殖民地和世界贸易市场了，并极力打压英国的崛起。为了形成更大的竞争力，荷兰成立了荷兰东印度公司，使得整个太平洋、印度洋成为公司贸易的独占经营范围。鼎盛时期，公司拥有武装战舰 41 艘，商船 3000 艘，雇员 10 万多人。

为了抢占西班牙、葡萄牙在美洲的殖民地，争夺英国、法国的商业控制权。1621 年，荷兰政府批准成立了西印度公司，经过 10 年的抢占与争夺，控制了从巴伊亚到亚马孙河西海岸的大部分地区。

1524 年，一个叫委拉札诺的欧洲人驾船抵达了曼哈顿岛，这事被荷兰人知道了，赶紧捷足先登，并派遣毛皮商人在那里设立毛皮交易站。由于荷兰在哈德逊河流域建立了新尼德兰殖民地，1626 年，在哈德逊的河口成功夺取了地理条件十分优越的曼哈顿岛，同年的 5 月 24 日，荷属美洲新尼德兰省总督彼得·米纽伊特用一箱价值 24 美元的物品，向当地的印第安人换得了曼哈顿岛的使用权，随后在其南端建立起了新阿姆斯特丹城。

17 世纪，占领南美圭亚那。

后来又从西班牙人手中夺取了加勒比海的阿鲁巴岛、库拉索岛。

......

至此，荷兰进入黄金年代，由"海上马车夫"构建的贸易世界使得这个国家获得财富无数。

英国海上贸易的兴起

英国在 17 世纪中期以前由于采用了武装贸易（即海盗式劫掠）的策略，贸易得到了迅猛发展。

从亨利七世开始，英国确立了发展海上贸易的国家战略。随后，航海法案的颁布又再次促进了商人与他国进行竞争的态势。

在亨利八世与伊丽莎白女王的积极推动下，英国采用颁发经营特许状的形式，大力推动了海外贸易的扩张，而更多的海外公司与海盗式的劫掠使得英国迅速在欧洲崭露头角。特别是 1587 年 4 月，著名的海盗弗朗西斯·德雷克成功地偷袭了西班牙的加的斯港，使得这次事件升级为国家之间的战争。当时，西班牙在加的斯港损失了战船约 30 艘，75 万镑的财富也落入了英国。

英国商人在国王的特许和支持下，建立了许多针对海外殖民地与贸易的公司。

这些公司大都兼具海盗式劫掠，它们积极拓展海外殖民地、发展海外贸易经营与垄断，为当时英国经济的发展起到了重要作用。

1588 年，英国战胜西班牙无敌舰队，海上霸权基础的建立由此奠定。而放眼古代中国，正值明清时期，当时的对外贸易又是怎样的境况呢？

怪异的明清海外贸易

怪异的朝贡制度

明朝对海外贸易的态度让人觉得有些怪异。这种怪异主要体现在：明朝海外活动的初衷仅仅是希望通过贸易的手段来获取国家的荣耀感。

对此，我们可以从《明经世文编》中得到印证："柔远之道，此前代之所行，亦我朝之故事也。"而在《上太平治要十二条》中，则这样说道："夫驭夷狄之道，守备为先……蛮夷朝贡，间有未顺，当修文德以来之……莫不率服矣，何劳勤兵于远哉！"

可见，与西方海外贸易拓展有着较大的不同，主要区别体现为：

一、摒弃了暴力，只有在不得已的情况下才会使用武力。

二、以守为主，不主动进行贸易扩张。

三、与其说是海外贸易拓展，不如说是德行感化。

这才使得原可主动的贸易扩张，变得束手束脚，而产生这种意识的根源在于儒家的"内圣外王"思想。《晋书》中曾说："羁縻之道，服而赦之，以示中国之威，道以王化之法。"这里的羁縻即怀柔，王化指天子的教化，由"道"之"法"可见这种意识的根深蒂固。那种高高在上，甚至有排斥之意的处世法则也可从"华""夷"的构建关系中得到证实。

因此，明朝的贸易更确切地说是一种朝贡贸易，而非西方所推行的武力军事作先锋，为商人开路的政策。在日本学者滨下武志的著作《近代中国的国际契机》里，他甚至直言古代中国对外的关系是属于"中央与地方关系在国际关系中的延伸"。

靠羁縻让"四夷宾服，万国来朝"存在着致命弱点，耗费国力，收效时长，极不稳定。历来"蛮夷"叛乱中原，狼烟四起，大都是恃强凌弱。在明朝看来，要使王朝出现"四夷宾服，万国来朝"的局面，"夷国"一定要与本朝保持一定联系，不一定是实质掌控或管辖，基本上对外国事务采取的是不干涉态度，而通过朝贡制度就能很好地保持这样的关系。简单来说，联系"夷国"的方式有以下几种：

一、通过朝贡，进而赏赐或册封。

二、互市，如开放边境市场，建立贸易交易站。

三、设置专门管理机构，如设立市舶司、茶马司。

四、两国通使，代表王权的大使出使传达。

这样看来，明朝朝贡制度下进行的贸易只是"怀柔远人"的工具，而不是为了增加国家财富——虽然客观上也在一定时期促进了经济增长和国库充盈。

在朝贡体制下，设立了市舶司，并对贡品处理、朝贡行为进行了规定。市舶司属于官方管理机构，即"掌海外诸藩朝贡市易之事"，最有名的如宁波、广州、福建市舶司。这三大设置时间最长的市舶司，其主要职能依据管辖区域划分。

宁波市舶司只针对日本贸易的口岸，下设有安远驿，负责接待贡使。明朝嘉靖年间因倭寇、海盗侵扰，市舶司基本处于废置状态。

福建市舶司稍微开放一点，主要负责明朝东南的贸易口岸，明朝初年专主琉球入贡。

广州应该是最开放、规模最大的市舶司，专门为占城（今越南的一部分）和暹罗（今泰国）诸番而设。

市舶司作为明朝对外朝贡贸易的机构，其职能主要有以下几方面：

一、监督贡使入境后，在当地市场的交易活动，除国王进贡的，番国大使随行人员搭卖的货物一律按官价交易。

二、负责贡使在入境期间的饮食起居，并按照规定拨专项款。

三、查验朝贡表文，勘合、识辨其贡道来源、贡期，检验贡物，并确定进京的具体人数；若来历不明，立即遣离出境。

明朝对朝贡路线、贡期要求都十分严格。这主要是因为，明朝政府虽然意识到它国的商业贸易需求，但因为"怀柔远人"的主张不能轻易更改。对各国的朝贡路线、贡期的相关内容见下表：

主要市舶司辖管路线	
主要市舶司	**管辖路线**
福建市舶司	泉州来远驿→延平→建宁→崇安→浙江→北京
广州市舶司	广州怀远驿→佛山→韶关→南雄→梅岭→南安→北京
宁波市舶司	宁波安远驿→余姚→绍兴→萧山→杭州→嘉兴→苏州→常州→镇江→扬州→淮安→彭城→沛县→济宁→天津→通州→北京
主要朝贡国贡期	
主要朝贡国	**朝贡日期**
占城	每隔三年允许进贡一次
朝鲜	一年可以进贡多次
安南（今越南）	每隔三年允许进贡一次
爪哇（今印度尼西亚的一部分）	每隔三年允许进贡一次
真腊（今柬埔寨的一部分）	时间不定，根据具体情况而定
暹罗	每隔三年允许进贡一次
日本	每隔十年允许进贡一次
琉球	每隔三年允许进贡一次，中间曾出现过一年一贡
撒马尔罕（今乌兹别克斯坦的一部分）	每隔三年允许进贡一次，后变得频繁
阇婆、三佛齐、渤泥诸国	一年一贡
备注	1. 如果朝贡国没有按照市舶司所管辖的路线或时间前来，会受到"驱逐出境"的处罚，若市舶司官员违反规定将按"玩忽职守"治罪，海禁期间会更加严格。 2. 进贡人员入境后的商业交易地点只限于京师会同馆和沿海市舶司，弘治后可在市舶司港口进行交易。外国非法交易者，除了驱逐出境，并禁止再来朝交易，若有代替外国交易者，枷号一个月，发配边疆充军。

对于进贡商品或交易商品，像日本的刀是很受欢迎的，像成化二十一年（1458）日本国王就进贡了 3610 把。到了后来，由先前规定的允许少量日本人来朝进贡增加到了 60 人，这说明是有更多的商人随行前来进行贸易的，而明朝市场的容纳度是日本国内无法比肩的。

因朝鲜、琉球等颇有礼乐，与其他国不同，明朝对其欢迎度较高。这一点，可以从京师会同馆的交易时间长短看出，一般国家三日或五日就结束，朝鲜、琉球不拘期限，直到在规定期限返回。

这种严格的朝贡制度一定程度上维护了明朝的朝贡贸易，但随着倭寇和海盗的猖獗，海禁被提上了日程，这又与朝贡制度不谋而合，变成只有朝贡的时候才有海外商品集中在会馆或港口进行交易、互市。

朝贡制度的内忧

明朝海禁的时间应该是在洪武三年（1370），而海外贸易并非完全禁止，只是针对可交易与不可交易的商品做了严格规定，相关内容见下表：

可交易商品	不可交易商品	
沿海居民下海捕获的鱼及相关海产品	马、牛、军需、铁货、铜钱、段匹、紬绸、丝棉、"人口"、军器	
凭据	**处罚**	
官方票号文引、许令	1. 私自出境货卖及下海者杖一百；通过挑担或驼载者，没收全部货物，官方以十分利率核算，举报者得三，官方得七。 2. 凡"人口"、军器带出境或出海交易者，施以绞刑，若泄漏军机者，斩无赦。 3. 中间商、夹带者与犯人同罪，官员失察者杖一百。 4. 劫掠"人口"者与谋叛罪同罪，斩首示众，全家发配边疆充军。	
备注	1. 出海船只需要票号文引、许令，凡高于二桅以上的大船属于违禁。由于二桅大船是远洋贸易所用，可以看出允许的海上贸易为近海贸易。 2. "人口"：指被劫掠或偷渡的人口。明朝中后期存在着比较严重的贩卖人口现象。	

明朝在最初海禁后因发生了胡惟庸事件而变得更加严厉，此事件缘起洪武十三年（1380）有人举报胡惟庸内外勾结，意欲谋反，随后，胡惟庸被朱

元璋处死。

胡惟庸事件后，明朝只允许琉球、真腊、暹罗等国入贡、交易，其他海外诸国一律断绝来往，而本国商品交易也受到影响。如禁止番香交易，一旦发现则销毁；民间祭祀只允许用松、柏、枫、桃诸香。明朝国内所产的香木一概不许销往海外，违者定重罚。

这样严格的禁令到了永乐时期才有了改观，永乐皇帝朱棣对海外贸易采取积极支持态度，最直接的证据就是派遣郑和下西洋，朝贡贸易走向繁荣。而那些破坏朝贡贸易或者到海外索宝的商人、走私者将受到严厉打击。

海外贸易到了宣德年间，再次严格起来，主要原因是长期以来海禁执行越来越不严格，以至于有官员军民通过私自造船，借明朝皇威出海索取贡物。

于是，明宣宗下令"申明前禁，榜谕缘海军民，有犯者许诸人首告，得实者给犯人家资之半。知而不告，及军卫有司之弗禁者，一体之罪"。这实际上实施了"罪连带"的严厉惩罚，而对第一个举报属实者的奖励也是很丰厚的。

通过上述内容，我们可以得出一个结论，明朝对出海贸易的禁止是较为严格的。在这样的朝贡制度下，朝贡贸易就成为海外贸易的唯一渠道，那些需要与明朝建立贸易关系的国家只有通过朝贡的渠道才能实现利益最大化的目的，而民间或官方私自进行的，相比之下毕竟是少量。

这显然对贸易的繁荣是比较致命的，海禁政策使得当时的海外贸易不敢放开手脚。这还不是最尴尬的，最尴尬的是明朝为了体现"怀柔远人""四夷宾服，万国来朝"的皇威，财政收入并没有因外来的朝贡增加，反而在减少。

因为，进贡物品只占了全部物品的一小部分，大部分是国王附进物和使臣自进物。对于附进物品，官方又采取"官给钞买"的方式，即官方出钱，以低价买进，高价卖出，并抽取一定比例的税。简单来说，朝廷通过这样的方式获得了财政收入，但由此而引发的奖赏、中央与地方贸易控制权争夺等问题也逐渐显现出来，表现为：

一、财政收入在一定时期的确增加了，这或许是朝贡贸易能维持200多年的原因之一。但是，出于面子问题而支付出的奖赏——主要针对朝贡国，在很多时候往往大于进贡者进贡物品的价值。对此，有直接的证据表明在面子背后所承受的尴尬，1390年，明太祖朱元璋曾对礼部尚书李厚吉说："海外诸国岁一贡献，实劳吾民。"

正是因为这样的尴尬，明朝不得不对进贡国的时间、次数进行严格把控。为了形象地说明这种弊端，请看下面的曲线示意图：

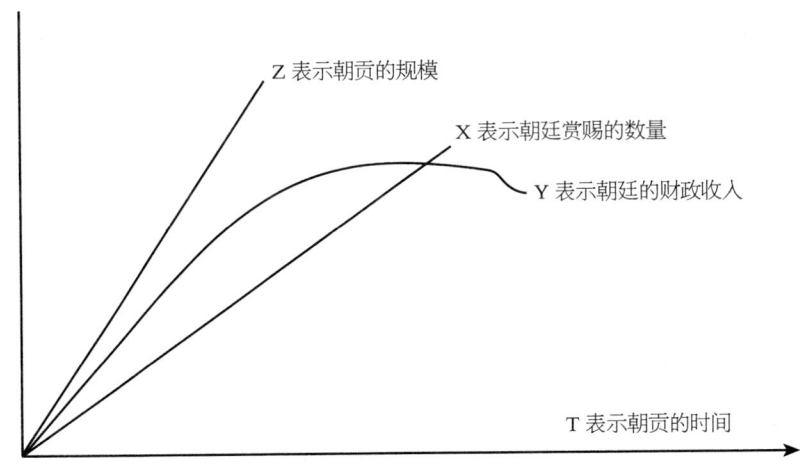

随着朝贡贸易的时间向前发展，我们会看到 X 直线和 Y 曲线会出现交叉点，然后 Y 曲线开始呈下降趋势。主要原因是随着时间的推移，当朝贡的规模，即朝贡的次数、朝贡物品的数量增加到一定程度，交叉点就会

出现，随后朝廷财政收入将呈下降趋势。

也难怪朱元璋要抱怨朝贡国越多，朝贡间隔年限越短，劳民伤财就越严重，实乃死要面子活受罪。这里需要特别说明，虽然朝贡贸易并不是明朝财政收入的主要来源。但是，这种固定税收（朱元璋采取了税收定额制度，对各税课司收取固定的额度），造成了缺乏收入来源调整的弊端，从而造成税收的基数非常有限。

我们知道，如果不能开源，就只能节流。朝贡贸易制度，对于财政收入本身就存在问题的明朝来说，无疑是拖了后腿。到后来，明朝财政吃紧，国家内忧外患，张居正"不得已"进行了多方面的改革。

二、出于节省管理成本的考虑，明朝没有设置专门管理朝贡贸易的机构。因此，海外诸国在与明朝进行朝贡贸易的时候，官方接触的就只有市舶司。然而，市舶司又由谁来监管呢？朝廷通常采取派遣宦官监督的方式进行监管，这种由个人进行的监督而非专门授权机构进行的监督往往存在很大的弊端。

首先就是宦官本人的一家之言左右市舶司有没有徇私舞弊或者偷偷扩展税源，而市舶司的行政经费是由地方政府提供，管理官员也由地方政府派任，再加上朝贡物品入境后还会经由很多程序才能到达朝廷。

朝贡物品具体的进京过程大抵是这样的——

首先由市舶司查验各种手续，然后安排贡使到驿馆休息，之后贡使按照指定的贡道运往京城，沿途各地政府要负责招待和保护，各地方的卫所、府、县都要承担一定的涉外职能。进京后，礼部负责朝贡往来的宴赐事宜，宴赐地点在兵部设置的南北会同馆，南馆负责东方和西方的使节接待。这时，鸿胪寺（主要掌朝会仪节等）、太常寺（掌管礼仪的最高行政机关）等部门要参与其中，户部则负责接受朝贡国进贡来的奇珍异宝。

朝廷出于节省成本考虑进行了这样设置，一旦出现问题极易形成互相推诿的局面，派遣宦官进行监督作用难以发挥。加之协调、监督的费用成本过高，朝廷是很难真正做到监控沿海、边境的地方政府的。下面是永乐到嘉靖年间朝廷派遣太监监督的数目情况：

	年间	永乐	洪熙	宣德	正统	景泰	天顺	成化	弘治	正德	嘉靖
市舶司	浙江市舶司							4		3	1
	广东市舶司						1	2		3	1
	福建市舶司	1		2	3			4	2	5	

可以看出，这样的监督力度是明显不够的，其间还有很多年根本就没有派遣太监进行监督，市舶司因垂涎海上贸易的高额利润，甚至还与地方官员争夺抽税权。

另外，对于派遣太监进行监督是否有效一事，也有一说，主要是派遣的太监中有中饱私囊、受贿等现象，这也引起了市舶司、地方官员的不满，双方的矛盾越来越激化，以至于出现了地方官员不经上奏，直接就将太监绳之以法的事件。像宁波知府张津在正德六年（1511），就这样干过一回。当时，日本的贡使及一行大约千人至府城，市舶司官索贿无厌，几致激变。他因处置得法，才免事端扩大。

三、由于监控难度大，少有的监控途径除了派遣宦官，就只剩下省级官员举报、钦差检查这样的途径。按照规定，朝贡贸易的收入主要归入内府，地方政府无权获取，且要负责贡使的接待、贡物的运输、贡使船只的维修等事务。

这样一来，地方政府的负担明显加重。朝廷与地方的矛盾日渐突出，到了明中后期甚至出现地方政府私下对民间海上贸易征税的现象。随着海外贸易需求的扩大，在高额利益的驱使下民间不乏走私的现象，并且有发展壮大之势，而市舶司不仅中饱私囊，还对私人海外贸易进行盘剥。即便如此，私人海外贸易仍然向前发展，正所谓有力则通番船，无钱则以帮雇身份参与。

在上述境况下，明朝的朝贡贸易遭受到打击，在中后期走向衰败。除了永乐年间郑和下西洋，贸易繁荣，之后就是迅速衰落。朝廷采取的减少朝贡次数、延长朝贡时间的策略收效甚微。下面是洪武到嘉靖年间朝贡次数急剧减少和时间趋势图：

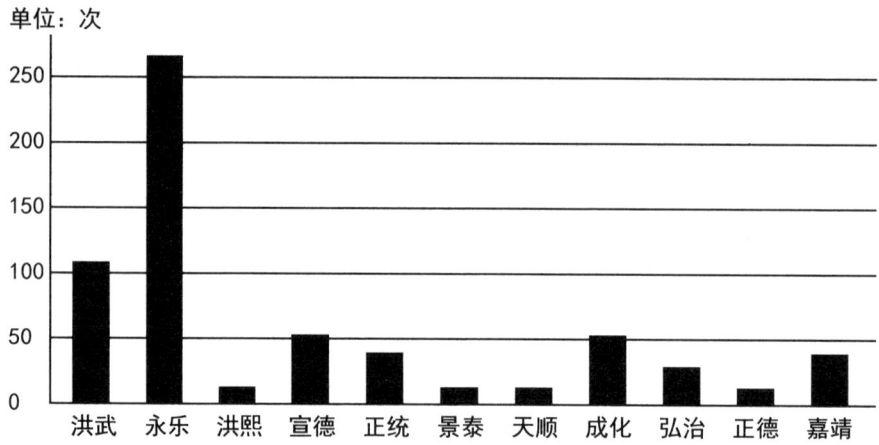

但偏偏这时的世界贸易处于繁荣时期，欧洲人热衷于海外贸易拓展，大约从16世纪开始，因美洲白银的大量开采以及日本白银的流入，白银的国际市场需求量激增，以16世纪到18世纪为例，仅美洲就大约产出了6万吨白银。大量的海外白银中，有不少流入了明朝，宣德、正统以后，民间海上贸易繁荣起来，就算朝廷严厉禁止，依然难以阻挡。

朝贡贸易由此受到较大冲击，而明朝财政收入的下降使得朝贡贸易的规模剧降。特别是正统以后，明朝国势衰微，加之又发生了土木之变[1]。随后，更严峻的问题接踵而来，主要表现在以下三方面：

一、宦官专权，政治腐败。

二、农民起义不断，有七次规模较大的起义，参与总人数至少有 20 万人以上。

三、边境不安宁，时有少数民族骚扰事件发生。

这样看来，可以说是内忧外患了。根据《明经世文编》中的记载，正德初年岁入 149 万余两，岁出却高达 400 万余两。出于各方面的综合考虑，明朝的朝贡贸易因海禁得不到长远的、繁盛的发展，即便是永乐年间出现了"大爆发"的繁荣。

葡萄牙人来了

葡萄牙、西班牙、荷兰、英国等国相继来到亚洲，在对明朝的市场拓展时遭遇了滑铁卢。

明朝毕竟还是一棵大树，对于一些侵扰还是可以应付的。因此，这些国家试图采取武力开拓市场显然是行不通的。于是，他们转而采取友善的方式来与明朝建立海上贸易关系。

走在前列的国家要数葡萄牙。1509 年，葡萄牙打败了埃及，基本上掌控了印度洋的海上贸易。其实，野心勃勃的国王曼努埃尔一世在这之前就

1　明朝正统十四年（1449），明英宗朱祁镇北征瓦剌兵败，20 万明军死伤大半，66 名大臣战死，明英宗被擒。

开始关注明朝了。为此，他一共写了两封信，第一封信是在 1508 年写给著名船长迪奥戈·洛佩斯·德·塞盖拉的，另一封信是 1512 年写给一个叫托梅·皮列士的宫廷药剂师。

我们先看第一封信的内容：

你必须探明有关秦人的情况，他们来自何方？路途有多遥远？他们何时到达马六甲或他们进行贸易的其他地方？带来些什么货物？他们的船每年来多少艘？他们的形式和大小如何？他们是否在来的当年就回国？他们在马六甲或其他任何国家是否有代理商店或商站？他们是富商吗？他们是懦弱的还是强悍的？他们有无武器或大炮？他们穿什么样的衣服？他们的身体是否高大？还有其他一切有关他们的情况。

这封信中有一点需要引起注意，就是有关海洋贸易和国家征服的问题。可见葡萄牙想要涉足东方贸易的意图有多么的明显。虽然经过多次努力，但始终止步屯门岛，无法踏足中国内陆。

托梅·皮列士在收到葡萄牙国王曼努埃尔一世的信后，就明朝的情况进行了较为详细的打探，并在马六甲完成了著名的《东方志》一书，记录了从非洲东海岸到中国、日本的地理、风俗、经济、宗教等方面的资料，尤其对广州的贸易记述相当详细，包括广州—南头贸易关系、税收状况、进出口商品等。

我们来看托梅·皮列士的一些记录内容：

广州城在一条大河的河口，水深有三到四英寻[1]。从河口起，城市位于一片平原，没有山峦，有石头建筑的一排排房屋，城墙环绕。据说，城墙有七英寻宽，同样的高度。据说，在城市的范围外有山峦，这是曾经在那里居住的吕宋人说的。在港口有许多大船舰守卫着城池，封锁入口。上面提到的那些持有许可证的国王有馆宅供他们的使臣在城内交易商品，但没有许可的则在离广州30里格[2]外做买卖，货物从广州运去。有人说广州域的范围有四个月的步行路程，另一些人说4里格，后一种说法是正确的，因为一个善走者可以在20天内走完上述路程，不可能有四个月。

从广州这边到马六甲30里格处，有一些岛屿，与陆地上的南头，被规定为各国的港口，如普罗屯门……当上述船舶在这里停泊时，南头的首领就把消息送往广州，商人立即到来估计商品的价值并付关税，然后他们携带着由这种或那种物品组成的商货，各自回家。

如前所述，上述马六甲的船只前来停泊在距广州20或30里格的屯门岛外。这些岛屿靠近南头的陆地，距大陆有1里格的海路。马六甲船停泊在那里的屯门港，暹罗的船在濠镜港。我们的港口比暹罗的更接近中国3里格，商货运往该港而不输往别处。

南头的首领看见船只，便立即通知广州说船只已进入诸岛内；广州估价的人前去给商货估价，他们收取关税，带走所需数量的商品；中国已经十分习惯给商品估价，他们同样知道你所需要的货物，因此把商货带走。

马六甲人为胡椒付20%，苏木付50%。新加坡木材同苏木。

1　海洋中测量深度单位，1英寻约1.8米。

2　葡萄牙单位，1里格等于6000米。

估价完毕后，一艘船按总数交纳。其他商品付 10%。马六甲人不逼迫你购买，他们是真正做生意的商人。

他们非常富有，所有的注意力都集中在胡椒上。他们诚实地出售食品，交易结束后，各自返回自己的国家。

他在给国王的报告中主要有以下三方面内容：

一、明朝是"一个伟大、富饶、豪华、庄严的国家"。比如将香料运到那里去，所获得的利润与载往葡萄牙所获的利润同样多。又如将丝织品、麝香、珍珠等运到马六甲，可获利三十倍。总之，明朝无所不有，处处充满了发财的机会。

二、广州是印度支那到漳州沿海最大的商业中心，以及货物卸载地。

三、中国人非常懦弱，易于被制服。

这三方面的内容给葡萄牙人带来了错误的判断。当然，错误判断的根源还在托梅·皮列士那里，他对明朝的朝贡制度和朝贡体系不甚了解，也低估了明朝的实力。他甚至认为"马六甲政府不用多大兵力就可以把中国置于我们（葡萄牙）统治之下，只消用马六甲总督的十只船，就能从海岸攻击全国"。不过，有一点托梅·皮列士是说对了，那就是明朝存在着很大的商机。

于是，西方贸易在拓展中惯用的伎俩——武力征服，就被提上了日程。为了在亚洲找到立足点，葡萄牙选择了印度的果阿和马来半岛的马六甲。1510 年，信心十足的葡萄牙人控制了印度西海岸的果阿。第二年，攻陷了马六甲。

攻陷马六甲的意义较为重大，因为它是明朝的朝贡国，且地理位置重要。1513 年，葡萄牙商人若尔热·阿尔瓦雷斯擅自在屯门岛竖起了一块刻有葡萄牙国王徽章的石柱，其意图很明显，屯门岛就是葡萄牙的殖民地了。屯门岛原是一荒岛，位于珠江三角洲口岸外，是来往广州必经之海道咽喉，其价值无须多说。

因此，1517 年葡萄牙国王曼努埃尔一世决定出兵，在托梅·皮列士的带领下从马六甲出发了，按照这位宫廷药剂师的说法，此次的目的很简单，就是尝试接触明朝的权力中心，建立与葡萄牙人之间的一个和平、互利关系的基础。这一年 8 月 15 日，葡萄牙的军队在屯门遇到了明朝的水军。葡萄牙谎称是佛朗机使团，即朝贡使节，要求见明朝皇帝，而总督衙门的回复很直接：《大明会典》原不载此国，令在驿中安歇，待奏准后方可起送。

佛朗机就是葡萄牙，《明史》中说："佛郎机，近满剌加。"其意很明显，是误把佛郎机误认为是满剌加（即马六甲）的邻国了，于是才有了之后的事情发生。

根据《广东通志》的记载，"正德十二年，驾大舶突至广州澳门，铳声如雷，以进贡请封为名。"东西方的文明碰撞是在火铳的雷鸣声中进行的，并且，葡萄牙人的行为举止让明朝的官员很是不爽，根据广东官员派出的三堂总镇太监宁诚、总兵武定侯郭勋的说法，"其头目远迎，俱不跪拜"。总督都御史陈金独非常生气，使团若以这样的礼节去见天子，是绝对不能允许的，就将通事杖打了二十棍。

随后，葡萄牙人被安排到光孝寺学习礼仪三日，史载："远夷慕义而来，不知天朝礼仪，我系朝廷重臣，着他去光孝寺习仪三日方见。第一日始跪左腿，第二日跪右腿，三日才叩头，始引见。"

葡萄牙人觉得下跪是不符合礼仪的，这也导致后面出现虽然进京，却被"发回广东，逐之出境"的结局。

为了能快速进京，葡萄牙人亚三（说法有争议，一说是倭寇海盗，非葡萄牙人）贿赂当地任监守的太监江彬。于是，很快就得到了批准，明武宗接见了他们，他看到这些红发碧眼、外形奇特、说话"咿呀"的"夷人"，倍觉稀奇，尤其是亚三特别讨得皇帝开心，竟被留在宫中，对于通商一事却迟迟不肯回复。

根据广东按察司金事顾应祥在笔记《静虚斋惜阴录》中记载："人皆高鼻深目，如回回状，身穿锁袱披袭，以皮为裤，又以皮囊其阴物，露出于外。头目常看书，取而视之，乃佛经也。"

葡萄牙人心里甚觉不满，他们想着已经进贡了"珊瑚树、片脑、各色所袱、金盔甲、玻璃等物"，明朝竟不感兴趣，且退还了贡物。驻留在沿海边境的葡萄牙士兵们已经按捺不住了，首领西芒·安德雷德借口海盗猖獗，得不到保护，决定在屯门岛修筑要塞，架设火炮，又在一座小岛上绞死一名水手，宣示权威。甚至纵容士兵做起杀人越货、掳掠年轻妇女以供淫乐的勾当。

此时，马六甲国王之子来到京城，向朝廷讲明了事情缘由，葡萄牙人不但冒充使国，且目的不纯，其史载"国王派遣使者具奏求援，明廷才知其事"。经礼部议定，"绝佛郎机，还其贡使"。再加之当时的御史邱道隆等也上书陈述葡萄牙的种种恶劣行径，要求朝廷下令驱逐。1522 年，明世宗即位，处决了受贿监守江彬，还有亚三，并责令葡萄牙人撤出马六甲，9 月 22 日，托梅·皮列士等人被投入监狱，两年后死于狱中。

广东方面，也积极展开驱逐行动，但葡萄牙人拒不撤走，企图以暴力的形式打开贸易市场。当时明朝的实力不容小觑，广东海道副使调集了 50 艘战舰对屯门实施了包围，借助海风，以火攻的策略大败葡萄牙军队。

葡萄牙军队大败的消息还没有传到里斯本，葡萄牙国王曼努埃尔却以为胜券在握，竟然早已派出特使，要求与明朝政府签订所谓的和平条约，更可气的是还在屯门修建了一个要塞。

当葡萄牙的4艘舰船到达珠江口的时候，正值7月，明备倭都指挥使柯荣、百户王应恩率领水师在香山县西草湾将其截击，大获全胜，连船长也被俘虏，这次明朝将俘虏的42名葡萄牙人押到广州，全部处决。

这是中西因贸易而引发的海战，虽然葡萄牙仍然占据马六甲，但未能成功打开与明朝的商业贸易通道。

葡萄牙试图通过武力建立与明朝的贸易是不可行的。于是，选择了另外一种卑劣的行径——海盗贸易。

这时的葡萄牙人主要活跃在浙江宁波和福建漳州、泉州等地，他们采取与明朝沿海的海盗和倭寇相勾结的策略，进行着走私贸易。像王直、李光头、许栋这样的明朝大海盗，在与葡萄牙殖民者的勾结中，获利不少，给沿海的商业活动带来较大的困扰。

根据抗倭名将俞大猷的说法，数年之前，有徽州、浙江等处番徒，勾引西南诸番，前至浙江之双屿港处买卖，及货尽将去之时，每每肆行劫掠。

对于这样的扰乱正常贸易的行径，明朝大为恼怒。1548年，浙闽提督朱纨调遣都指挥卢镗、副使魏一恭等率兵进攻双屿，大败葡萄牙殖民者，使得"贼船不得复入"。葡萄牙殖民者在浙江无法立足，转而向南，在漳州和泉州的月港、浯屿继续进行非法贸易。朱纨和福建巡海道副使柯乔合兵对海盗集聚最多的浯屿展开围剿，斩获颇丰，卢镗等则率军在走马溪进行堵截，也是大获全胜。根据《明史》记载，"去者远遁，而留者无遗；死者落水，而生者就擒。"

至此，包括大海盗李光头等在内的96人，也被擒处死。葡萄牙殖民者在广东、浙江和福建沿海建立的据点都被拔除，可谓"全闽海防，潜力肃清"。

两种贸易形式均以失败告终。葡萄牙决定采取贿赂明朝地方官员的策略，以获得与明朝建立贸易的机会。

这一招果然奏效。由于明朝的朝贡贸易存在着诸多缺陷与漏洞，地方政府为了增加财政收入，特别是到了明朝中后期，私下是允许民间贸易存在的。葡萄牙人看破这其中的玄妙，他们通过贿赂，在澳门获得定居权。

这里面有两个关键人物值得一提，分别是广都指挥使黄庆、广东海道副使汪柏。葡萄牙为了能与明朝进行贸易，竟然同意了 20% 的关税条件，获得了能进入广州贸易的通道。然而，汪柏并没有同意葡萄牙人可以定居澳门，只是随着商业往来的增多，葡萄牙人以需要修建间歇性居住的房屋为由，顺理成章地在澳门修建了许多房屋，这样一来，那里的地方官员也只有默认了。

显然，这是地方官员的私自行为，朝廷并不知情。葡萄牙人贿赂地方官员的数额巨大，这些费用大部分流入私人囊中，根据葡萄牙人徐萨斯在《历史上的澳门》一书记载，这笔钱财被称为"海道贿金"，而持续时间长达 12 年，朝廷因此丧失了巨额的财政收入。

1573 年，因葡萄牙人的翻译佩德罗在一次市集中说漏嘴，使得事情败露。当时，明朝的官员按例来收取停泊费，葡萄牙人和往常一样用蛋糕、美酒招待他们，佩德罗在做了简单介绍后，竟然补了一句，大意是说还有 500 两银子是作为澳门的租金的，希望笑纳。颇有戏剧性的是，当时有许多官员在场，佩德罗的一席话让海道副使汪柏有些尴尬，于是只好说这笔银子应该属地界司。之后，这笔 500 两银子的费用有了所谓官方的说法，就属租金，并沿用下来。

1607 年，一个番禺举人上疏朝廷，建议驱逐在澳门的葡萄牙人。理由是，这些葡萄牙人不遵守法度，日渐恣横，甚至私藏倭寇、亡命之徒，给澳门的经济、治安带来不良影响。两广总督张鸣冈上疏，建议理智对待驱逐在澳门的"葡萄牙人"一事。他认为澳门地理位置特殊，海上贸易属澳门经济的重要组成部分，与其驱逐葡萄牙人，迫使他们成为海盗，不如允许他们贸易，但需要严加管控。

由于当时明朝东北边患严重，无暇顾及此事，决定采纳张鸣冈的补救措施。于是，张鸣冈命海道副使俞安性负责此事。修订后的《澳夷禁约》，主要措施包括禁止贩卖人口，不得收买华人子女，按指定地点停泊船只听候检查，不准私建房屋等。

这实际上就是明朝的怀柔政策的体现。在这背后，明朝所丧失的经济利益实在太大。特别是到了明朝后期，由于葡萄牙人善于利用澳门作为大本营，就能独占当时南部沿海的诸多商机，贸易的市场份额呈逐年上升趋势，这对明朝从事商业的群体是非常不利的。再加上明朝对日本贸易采取严禁政策，葡萄牙人在明朝末年可以说是垄断了两者之间的所有贸易。

在与马尼拉的贸易上，明朝也受损严重。葡萄牙为了垄断南亚一带的贸易，采取阻止明朝商船进入这一区域的策略，并散布谣言说马尼拉政府财政赤字，根本无法支付贸易款项。为了彻底打消明朝商人的念头，他们将西班牙海盗说成恶魔中的恶魔。

然而，明朝商人没有那么好欺骗，在上述手段无效后，葡萄牙人采取劫掠明朝商船的策略。随后，出海的商船就减少了，葡萄牙人趁这当口，迅速抢占与马尼拉的贸易市场，导致商品价格大幅度增长。

由此可知，两广总督张鸣冈的策略从长远来看是没有奏效的，他没有考虑到明朝已经快日落西山。另外，葡萄牙这样的国家与亚洲的其他国家有着很大的不同：

一、不承认明朝建立的朝贡贸易体系，针对明朝而实施的无规则贸易是他们的常态。

二、当贸易市场受阻，奉行武力开道。

根据徐萨斯在《历史上的澳门》一书里的说法，在"葡萄牙的荣誉与尊严遭到弱小而胆大的中国人的肆无忌惮的践踏，政府和军队都必须维护的民族尊严在中国被一扫而光"后，他们定会卷土重来。后来，打开中国贸易市场的是英国，但这也足以说明，由中国建立的传统贸易体系正在遭受日益严重的破坏，最终走向衰亡是逃不了的宿命。

西班牙人也来了

继葡萄牙后，西班牙也看上了明朝的贸易市场。在西班牙的资本扩张中，不但面临与其他西方国家的竞争，还要参与与明朝的角逐，这就牵制了其在亚洲贸易的进展速度。

之前，麦哲伦到达菲律宾群岛后，因为风向和洋流的阻碍，虽然花费了 20 多年的时间，依然找不到从菲律宾到墨西哥的航线。1556 年，腓力二世继位，此人野心勃勃，好大喜功，试图把殖民地从美洲扩展到亚洲，把太平洋变成西班牙的内湖。

为此，他做好了相当充分的准备。根据在 1559 年给墨西哥总督米格尔·罗佩斯·德·莱加斯皮的一封信里，可以看出西班牙对菲律宾群岛的浓厚兴趣，他责令总督全权负责这次远征任务。

莱加斯皮远征舰队由黎牙实比担任总指挥，让具有丰富殖民经验、熟悉太平洋航道的神父安德烈斯·奥乔亚·德·乌达内塔（黎牙实比的表兄）一同前行。另外，舰队还配备了许多作战经验丰富的军官。

1564 年 11 月 21 日，舰队从墨西哥出发了。一开始不怎么顺利，为了确保航行中所需的食物充足，在到达菲律宾的萨马岛后，黎牙实比派出一支小分队去抢夺粮食，结果遭到当地人的抵抗，仓皇而回。武力抢夺不行，就怀柔，此法很奏效，以后屡试不爽。

在远征队到达宿务[1]后，最迫切的就是要占领该岛。因为，宿务岛位于维萨亚斯群岛的中心地区，往北能抵达菲律宾群岛中最大的岛屿吕宋，然后就可以以马尼拉为中心建立西属菲律宾殖民地。更进一步来讲，可以成为西班牙向亚洲其他地区贸易扩展的优良基地，成为连接亚洲、美洲、欧洲三大区域的贸易中转地。往南可以抵达进可攻退可守的棉兰老岛，岛上港湾优良、物产丰富。

聪明的黎牙实比决定在宿务岛建立第一个殖民点。在怀柔策略受挫后，他决定采用武力。于是，一场大轰炸开始了，远征队将所有的大炮对准该岛的村落，尽管岛上居民在首领图帕斯领导下进行了抵抗，但西班牙人的大炮轰炸实在太猛烈了，在一片狼藉和阵阵哀号后，岛上的居民不得不撤退。

不过，图帕斯也很聪明，在撤退时他命令作战部队带走所有能带走的粮食。只是，这对于有着聪明头脑的黎牙实比，外加有丰富殖民经验的神父安德烈斯·奥乔亚·德·乌达内塔的协助，图帕斯的努力实在是杯水车薪。

很快，远征队在岛上构筑了坚固的据点和工事，并扬言如果放弃抵抗，则不受任何处罚；如果村民不回归岛上，那就烧毁岛上所有的房屋和庄稼。在软硬兼施下，图帕斯被迫求和。1565 年 4 月，双方签订了和约，图帕斯承认西班牙在这里的统治权。

接下来的殖民地建立主要由神父安德烈斯·奥乔亚·德·乌达内塔来

1　菲律宾的第二大城市，仅次于马尼拉。

完成。因为，要找到返回墨西哥的航线，就需要熟悉太平洋的航道以及洋流走向。1565 年 10 月，由乌达内塔领航的"圣彼得罗"号成功地回到了墨西哥的阿卡普尔科。原来，有着丰富航海经验的他知道若从西行的航线往回走肯定是行不通的。因为，马鲁古群岛的信风会严重阻碍回航。

于是，他决定冒险一次，先朝北走了一段，继而再向东航行，以避开反向的洋流阻碍。果然，这条航线行得通。回到墨西哥后，黎牙实比就得到了更加充足的支援，不负众望，他成功地打破了葡萄牙人对宿务岛的航线封锁。随后，又通过欺骗的手段，在离宿务不远的班乃岛上建立了第二个殖民点。

1569 年，鉴于黎牙实比的卓越表现，西班牙国王腓力二世任命他为菲律宾总督。在占领宿务后，西班牙面临着两个选择：

一、北上，打通与明朝的贸易航线。

二、南下，争夺香料群岛。

在经过一番慎重思考后，黎牙实比决定北上，即到吕宋岛的马尼拉去。因为，在这一时期世界贸易中，大量的香料涌入欧洲市场，导致其价值降低。更何况，菲律宾北部也盛产香料，若能据此与明朝建立贸易，其市场前景大有可为。由于之前西班牙在殖民拓展和资本扩张中，成功地征服了美洲，他们过度自信地以为征服明朝也一样容易。于是，一份可怕的侵略计划就诞生了。

根据陈台民在《中菲关系与菲律宾华侨》一书的记载，1569 年 6 月 8 日，乌达内塔在宿务写了一封信给腓力二世，在信中他这样写道："我们全体——皇上陛下和臣属，都颇为相信，当您在位的时候……基督教将要在这个地区传播和高举，陛下的领域将会扩张，这一切都会在一个很短的时期内实现。"这是何等的狂傲！

这还不算，一个叫埃尔纳多的人对明朝的估计简直离谱到了极点，他说："不到 60 名的优良西班牙士兵，就能够征服和镇压他们。"

西班牙何以如此狂妄和乐观呢？简单来说，腓力二世继承了西班牙王位，获得了西班牙的大量资源，尤其是海军力量。西班牙当时在欧洲的影响力巨大。这时的西班牙认为对明朝的军事进攻已经具备良好的条件了。

另外，驻澳门的代表商罗曼也认为，顶多用 5000 名西班牙士兵，就可以征服这个国家，或者至少可征服沿海各省。

综合以上多方面的意见，1586 年 4 月 20 日，驻菲律宾的西班牙各界政要、商要、宗教团体在马尼拉举行了代表大会，制订了一项颇为详细的侵略计划。下面是该计划的一些主要内容：

一、由菲律宾群岛的总督担任远征军司令，组建 1 万或 1.2 万人的远征军，优先录用退伍的西班牙、葡萄牙士兵，出发时再增加 5000 名日本人和部分未狮耶人（即菲律宾人）；远征军应配备甲胄兵、毛瑟枪手、铸炮者、抛火器工匠等；配备能满足 4 艘大帆船的优秀船员，再加 500 名奴隶；为备不时之需，可派 1 名军官到日本的神户招募军队。

二、明朝是一个可以自给自足、有大量的银子在流通的国家，可以通过海外贸易让白银不断地进入到他们的市场。这样的好处在于，既不会增添西班牙财政上的负担，还能获得大量的金、生丝、绸、缎、精美的手工艺品。最重要的是，西班牙国王可获得大量的租税和利润。

这份狂妄的侵略计划还被送到西班牙的一个专门委员会进行研究。但历史总有出乎意料之处，当时的西班牙正忙于组建无敌舰队与英国交战，根本无暇顾及这次与明朝的战争事宜。

更为可笑的是，西班牙人自诩可以轻易打败明朝，却在 1592 年被明朝的一个朝贡国——力量远逊于明朝的日本吓破了胆。

原来，丰臣秀吉曾派招降使前往马尼拉进行恐吓，要求西班牙对日本称臣纳贡。西班牙竟然被吓住了，竟然派遣使者到日本修好。这样一来，武力入侵明朝的计划再次被搁浅。再加之无法在明朝建立一个固定的贸易据点，入侵一事根本无法开展。因此，这份狂妄的侵略计划只能胎死腹中了。

鉴于打开明朝的贸易市场对西班牙来说意义非凡，他们转而采取其他的措施，即吸引明朝商人到马尼拉开展贸易，大家一起"分享"贸易所带来的利益也不失为一个明智之举。

荷兰人也来了

荷兰和英国也垂涎明朝的贸易大市场，但他们表现得相对理智一些。有了前两国的经验和教训，他们只是采取在沿海防线上寻找突破口，并试图建立一些商站，垄断贸易航线、排挤打压他国商人。

这样的好处在于，可以充分利用明朝的朝贡贸易的漏洞，继而获取到丰厚的利润。

荷兰在这方面做了更加充分的准备，并且，它的措施更具可行性，主要表现在以下三方面：

一、在澎湖建立商业基地，因为吕宋（即菲律宾）到明朝贸易线的中途必经地就是澎湖。若据此，就可以展开辐射影响，并可切断明朝的重要贸易线，同时也可为进取台湾做准备。

二、在台湾建立商业基地，因为这里明朝不设防。

三、在澳门建立商业基地，因为之前已经成功地在万丹、班达、安汶建立了贸易站，若能据此，可连成一条便利的贸易航线。

荷兰看到葡萄牙在澳门获得定居权，垂涎三尺。主要表现在以下三方面：

一、澳门对荷兰贸易扩张具有重要的商业利益。因为，如果能取代葡萄牙在澳门的贸易地位，就能垄断销往日本的明朝丝绸贸易，成为独家供应商。

二、既能让葡萄牙在亚洲的主要经济支柱受损，也能切断在菲律宾的西班牙人的支援，继而夺取马六甲和马尼拉，最终完成将伊比利帝国一分为二的战略目的。

三、若前两项都实现，就可以直接获得大量的明朝财富和商业产品，巨额利益不可小觑。

这项计划要完全实现比较困难，首先是已经占据澳门的葡萄牙绝不答应。更何况，明朝的海上力量也会出兵干涉。

在巨大的经济利益驱使下，荷兰只身涉险，决定效仿葡萄牙，试图先在广东建立一个贸易基地。

1600 年 9 月 20 日，荷兰的战船进入到珠江口。根据包乐史在《中荷交往史》一书中的记载，7 天后，舰船上配备了 700 名兵力，为稳妥起见，范·内克决定先派由 7 人组成的小分队上岸打探情况，谁想刚一上岸就被葡萄牙人给逮住了。派出去的人迟迟不归，范·内克又派出人前往打探，还是有去无回。

这下，范·内克彻底愤怒了，决定采取强硬的军事行动。面对荷兰的行动，葡萄牙和西班牙决定采取联合抵制的策略。另外，明朝在福建的海上力量也参与其中。

1603 年，愤怒的荷兰人决定直接攻打葡萄牙人占据的澳门。岂料，进攻受挫，退至南洋。

经过准备，荷兰人于 1622 年发动第二次进攻，依然受挫，退至澎湖。不久，荷兰政府决定派出海军上将雷伊松，由他担任指挥。这是由 15 艘战船组成的舰队，当它们出现在澳门海面时，受到了明朝在福建海域南居益率领的水师阻击，包括 800 名登陆作战的荷兰士兵全部受挫，伤亡三分之一，海军上将雷伊松也未能幸免。

5 年后，荷兰人借葡萄牙北上协助明朝抗击清军的机会，（当时，明朝已有人主张向葡萄牙购买武器，如徐光启、杨廷筠就曾上书建议购买葡萄牙的红夷大炮抵御清军的凶猛进攻。之前，与荷兰等国也有合作，不限于红夷大炮，甚至还有改装过的加农炮，后因交恶而中断。随着明朝与清军的战事吃紧，对红夷大炮需求激增。这说明，明朝与葡萄牙人有着较大规模的武器贸易合作，而葡萄牙人也曾派遣雇佣军参战。因为，他们也盼望能借此与明朝政府建立深度的联系，以便展开更多的贸易合作。根据相关史料记载，在天启六年，即 1626 年，红夷大炮在宁远之战中就有采用，威力巨大；1627 年，在宁锦之战中，红夷大炮再次发挥巨大威力，明军大胜。再次发动攻击，也以惨败收场。

荷兰人郁闷了，进攻澳门屡屡受挫，不得不改变战略，将目标锁定在澳门到马尼拉贸易航线上的澎湖。1622 年 6 月，荷兰派出远征舰队总司令科纳里斯·雷约兹率领军舰 14 艘在红木埕登陆，采取筑城据守的策略入侵澎湖，同时骚扰福建沿海。

福建巡抚南居益沉着冷静，朝廷也发兵 1 万，并配备 200 艘军舰，南居益采用封锁澎湖周边，阻断淡水供应，使用大炮猛烈轰击荷兰舰船及筑城的打法，科纳里斯·雷约兹的澎湖舰队受到重创，7 月 13 日，荷兰人被迫拆除筑城。

澎湖也拿不下，荷兰人还不死心。荷兰东印度公司想出了另一毒计，授意远征队抢占台湾西南部地区，由于当时明朝忙于与清军的战事，分身乏术，加之台湾人民无所防备，1624 年 9 月，荷兰人成功占据了台湾城和赤嵌城。随后筑建了热兰遮城，作为在台湾的军事防御中心及军事长官驻地。这一切完成后，开始驱赶在淡水和基隆的西班牙人，并劫掠这条航线上明朝和葡萄牙的船只，获取暴利。

其实，占取台湾只是抢占亚洲贸易的一个跳板，台湾算不上是当时亚洲贸易的重要商贸口岸，来这里进行贸易的商人很少，也就限于一些日常生活用品的小规模交易。但是，若以台湾为基地，就可以抢夺日本与东南亚的贸易垄断权。

而要想垄断达成，就必须去掉西班牙、葡萄牙、明朝商人三方面的阻碍，特别是明朝的朝贡贸易制度，对其而言，有着很大的束缚。

在亚洲贸易的多方角逐中，荷兰东印度公司起到了重要作用。很多决策都出自于这家公司。为此，荷兰国王给予了这家公司很大的权力，如可以开辟殖民地、建立海军、修建要塞和兵工厂，还可以铸造货币，甚至拥有在控制区域立法、行政、缔结条约和宣战的权力。

可以看出，这家东印度公司几乎是全权代表荷兰国家在亚洲从事殖民拓展、贸易扩张的"官方机构"。

荷兰人占取台湾后，的确受益不少，劫掠比正当的海上贸易方便多了。以至于后来的英国也加入其中，两国联手共事。

再观明朝的朝贡贸易，则在西方列强的殖民拓展、资本扩张中不断受到冲击，明朝的商人得不到朝廷的保护，只能在夹缝中求生存。以明朝商人在南洋地区的贸易为例，之前是占主导地位的，但到了 18 世纪中叶就失去了主导地位。他们最大的贸易对手就是荷兰，而谁能打败明朝商人在这一地区的贸易的主导权，谁就能在这一区域的贸易中获得巨大的利益。

这样看来，荷兰的所作所为，全都是有计划、有谋略的武装贸易行径。他们强迫明朝商人与他们贸易，如若不同意，就采取劫掠的方式。为了加大劫掠的力度，荷兰鼓励航海家、海盗们实施抢劫，从 1600 年起的 20 年间，几乎所有的较有名气的航海家都参与过劫掠行动，更不用说那些不知名的了。更为卑鄙的是，他们还采取嫁祸栽赃的方式进行劫掠，比如嫁祸给英国。

英国看到荷兰这样搞大有作为，干脆一起行动。从 1620 年起，荷兰和英国两国的东印度公司在远东舰队的统一指挥下，对明朝的商船进行了多次的劫掠。他们或闯入马尼拉、马六甲，或闯入澳门、澎湖附近的海道，将截获的商船拉回巴达维亚、伦敦……

令人叹息的是，即便是到了清朝，虽然葡萄牙、西班牙国力开始衰退，这期间郑成功收复台湾，掌控着东南沿海一带的贸易航线，清朝也实施了相应的海禁策略进行打击。但荷兰、英国正快速崛起，西方国家的海外贸易体系正在被这两个国家掌控。荷兰已经成为海上霸主，对这个新建的王朝展开合法的贸易渠道探索，而英国则采取积极鼓励海上贸易的策略，待羽翼丰满后，再去抢占亚洲贸易市场。

1654 年，经过之前失败的探寻，据梁廷枏在《海国四说》中的记载，是因为当时荷兰没有携带表文和贡物以"巡抚具奏，经部议驳"为由拒绝了。这一次，荷兰人变得更聪明了，他们不但行了三跪九叩之礼，还带来了诸多贡物。

这是由彼得和雅克布率领的荷兰使团，到达北京是在 7 月，顺治皇帝接受了荷兰的朝贡，拒绝了通商请求。他这样批复了礼部的奏折："荷兰国慕义输诚，航海修贡。念其道路险远，著八年一次来朝，以示体恤之意。"

荷兰两次的探寻都失败了，转而采取帮助清朝攻打郑成功的策略。由于郑氏家族几乎垄断了清朝沿海一带的贸易，就算是荷兰人在这区域进行贸易也要缴税。1662年，荷兰舰队以支援大清为由，行至闽江口，要求帮助清政府打击郑氏家族，不过，需要清政府同意自由贸易和恢复台湾殖民地的条件，在这之前，即1661年荷兰舰队曾抵达台湾海峡与郑成功的舰队展开激战，但损失惨重。康熙经过权衡考虑，同意将八年贸易一次改为两年一次。

1663年，以博尔特为代表的荷兰舰队进入泉州湾，要求开海贸易，但朝廷未予理睬。一年后，因为荷兰成功帮助清军收复了金门和厦门，朝廷赏赐了荷兰国王绸缎、马匹等物，对于贸易一事依旧不同意。1666年，荷兰人依旧不死心，竟然没有按照规定从广东入境，这事终于给了清政府借口，康熙下令驱逐。

荷兰的一切努力成为泡影。谁能打破这样的僵局呢？

是英国，是那个在每一片大洋与大陆上都后来居上的英国。

"最后赢家"英国

英国的崛起，荷兰无法阻挡。17世纪后半叶，世界贸易的主角是英国，清朝的主要贸易对象也是英国。

英国采取的是打通台湾郑氏家族的策略，郑氏家族掌控着当时海上贸易的主要渠道。那么，它们有没有达成某种一拍即合的默契呢？据载，郑成功之子郑经是积极拓展海外贸易的，其出发点是为了抗击清朝，筹备军饷和利民生。他曾派出使节团到万丹邀请英国东印度公司来台湾进行贸易通商。因此，在 1670 年 6 月 3 日，英国船舰"万丹"号和"珍珠"号到达台湾。9 月 10 日，其指挥官克利斯布与郑经签署了非正式通商协议，正式的通商协议是在 1672 年 10 月 13 日缔结的，主要内容见下：

一、可租用过去荷兰人在台湾的府邸开办商馆。

二、公司及国王属下人民间应自由贸易，不应有限制，公开而无妨碍及阻挡。

三、公司之船只，不论大小，均得自由驶入或停泊国王治下或将来归入王统治之港、湾、河、船舶处等，并在各处可得薪、水、食粮及其他必需品，

▲马嘎尔尼使团觐见乾隆皇帝，为了商谈中英贸易问题，最后无功而返

正如在安平一样；但除安平外，在其他各处不得交易。

四、公司应缴纳输入售出之货物款项百分之三之关税，但为国王所购进之货物不需缴纳税项，输入货物无法售出而要装运出境时亦免缴税项。同样公司得将所购进之货物自由运出而不须缴税。公司亦同意每年将国王所需要之货物运来。

很快，英国就获得了郑氏家族掌控的贸易区域自由贸易的权利，并且试图通过以下策略在台湾建立能横跨清朝、日本、马尼拉的贸易中转站：

一、选择在厦门建立商馆，为了将贸易做大，特意建造了大吨位的"台湾"号，以方便运输台湾到厦门的货物。当然，在贸易通商期间，远不止"台湾"号一艘，具体详情见下表：

商船号	相关概况
"班达"号	1670 年 6 月 23 日航抵台湾，隔年返回班达。1671 年 7 月 1 日，偕同"王冠"号、"骆驼"号，自班达航向台湾，途中失踪。
"珍珠"号	不详
"王冠"号	1671 年 7 月 1 日，同"班达"号、"骆驼"号自班达航向台湾，途中失踪。
"骆驼"号	1671 年 7 月 1 日，偕同"班达"号、"王冠"号，自班达航向台湾。隔年再度抵台。1673 年 3 月 27 日，自台湾返回班达途中被荷兰人截获。
"实验"号	1671 年 9 月自伦敦驶出。1672 年 5 月航抵班达，7 月 15 日航抵台湾，11 月离台，12 月在班加海峡被荷兰人截获。
"归航"号	不详
"飞鹰"号	不详
"忠告"号	1676 年 5 月 23 日，从班达航向台湾，1676 — 1678 年往返于台厦之间，1678 年，由厦门航向苏拉特。
"福尔摩沙"号	不详
"肯特"号	不详

二、促进日本人的贸易。根据《十七世纪台湾英国贸易史料》中的记载，英国东印度公司与公司总部曾在 1674 年指示万丹商馆，应设法与日本皇帝达成贸易协议，并采取和平友好的方式，使日本人不再反对与英国人通商。

三、应加强与马尼拉之间的贸易来往，并在安平建立大型仓库，以加大贸易流量。

经过此三方面的努力，英国以台湾为基地，通过郑氏家族所管控的贸易航道，其贸易迅速发展起来。但由于清朝与台湾之间的战争，再加之英国方面动机不纯，双方贸易如同昙花一现。对此，我们可以从下列数据中看出一些端倪（目前没有详细的史料记载）：

时间	商船号	商品量	价值
1672 年	"实验"号	锦缎 24 匹	156 元
		中等府绸 254 匹	562 元 3 市分
		彩缎 49 匹	159 元 15 分
1675 年	不详	8103 磅左右的货物	不详
备注	此数据来自刘鉴唐、张力所著《中英关系系年要录》一书中的记载。		

这样看来，英国在亚洲拓展贸易的图谋暂时未得逞，而清朝方面，又是如何呢？简单来说，在全力恢复朝贡制度。由于初期实行了海禁政策，导致贸易不景气，只与少数朝贡国进行贸易，如朝鲜、琉球、安南、暹罗、南掌，少的五年才一次，多的一年三次。另外就是存在少量的走私贸易。经过一段时间的恢复，其贸易繁荣度有所改观。比如，有的朝贡从一年三次增加到一年四次、两年六次，其贡物有硫黄、红铜、象牙、五爪龙席、各种丝绸、鹿皮、腰刀等。

鸦片战争前，清朝开海的目的是为了"腹里省份钱粮有余，小民又获安养"，但结果却出人意料，既满足了钱粮有余，小民安养，又让海外贸易得到了大规模的发展。清朝的丝绸、陶器等在西方市场大受欢迎。

我们来看清朝开海后所获得的巨额关税，根据《粤海关志》中的数据显示，从 1749 年到 1851 年几乎是逐年递增的，最高的从乾隆十四年（1749）到嘉庆十一年（1806），由开始的 456940 两白银竟然增长到 1663830 两。从 1783 年到 1821 年，平均税收大约在 90 万—120 万两之间。

根据许涤新和吴承明在《中国资本主义的萌芽》一书里的记载，鸦片战争前，清朝市场流通的白银大约在 38762 万两，以 1821 年的海外贸易额为基数，我们会发现清朝在这一时期海外市场的占有率在 12% 左右，海外贸易总额为 4374.311 万两，这是比较庞大的数字了。如果说 18 世纪之前中西贸易的商品主要以各种香料、丝织品为主，到了 18 世纪，茶叶则成为最主要的贸易商品，丝绸和瓷器则退居二线。以英国为例，1722 年茶叶进口量为 4500 担，到 1750 年增长了近 4 倍，到了 1785 年竟然增长了 22 倍。英国在 1784 年颁布《折抵法》后，对茶叶的进口更是惊人，仅 1790 年就有 159595 担，价值 4103828 两白银。在瓷器贸易方面，清朝的出口也相当惊人，以 1600 年到 1800 年间为例，销往欧洲的瓷器高达 600 万件。

这样的结果导致了英国的白银短缺。为了弥补贸易逆差，英国东印度公司，当然也包括其他西方国家，采取鸦片贸易的形式来应对。简单来说，就是将鸦片输出到清朝市场，用所得白银再去购买清朝的畅销商品，然后倾销到海外市场，包括所辖殖民地。以 18 世纪中后期为例，自英国获得了在印度的独享贸易权后，来自鸦片的收入增长了 7 倍，19 世纪中期则增长了 65 倍多，相关数据见下表：

时间跨度	白银总额	合计
1773 年到 1774 年	77894 两	
1775 年到 1779 年	119469 两	
1780 年到 1784 年	145443 两	
1785 年到 1789 年	433159 两	
1790 年到 1794 年	572589 两	
1795 年到 1799 年	651358 两	
1800 年到 1804 年	1242254 两	29256003 两
1805 年到 1809 年	1728215 两	
1810 年到 1814 年	2312506 两	
1815 年到 1819 年	2351003 两	
1820 年到 1824 年	4515863 两	
1825 年到 1829 年	5744286 两	
1830 年到 1834 年	4165274 两	
1835 年到 1839 年	5196690 两	

如此一来，清朝所面临的损失是巨大的和长远的，西方国家通过鸦片贸易使得清朝的贸易体系、财政收入、市场经济受到了较大的破坏，主要表现在以下几方面：

一、因鸦片贸易属于走私贸易，对清朝通过正当途径进口的商品贸易额产生了较为严重的冲击。在鸦片贸易之前，葡萄牙、西班牙、荷兰、英国等国是通过多种方式试图与之建立贸易合作关系，然而，当鸦片贸易兴起后，这种局面逐渐被打破，欧美等国对清朝商品的进口数量开始呈下降趋势，而销往清朝市场的鸦片数量逐年递增。

二、清朝的白银开始大量流向国外。16 世纪到 18 世纪，还有大量的白银流入，鸦片贸易的产生则彻底改变了这种状况。以 1817 年到 1818 年为例，仅一年的时间，清朝的白银流出了 1547942 两。以 1833 年到 1834 年为例，同样是一年时间，白银流出竟然高达 9635082 两，实在是太吓人了。

三、最可怕的还是上述两者导致的清朝本国的纹银流出，国库储备开始下降，国内物价上涨，影响税课征收。最初输出的白银币种为银圆，由于这种银圆含银量较高，重新加工进行再铸造，就可以增加数量。后来，这种银圆输出因数量庞大，造成长期短缺，不得不改为纹银。按照 1789 年的兑换比例，1 两这样的纹银可以兑换铜钱 1090 枚，到了 1810 年竟然增长到了 1132.8 枚，10 年后高达 1226.4 枚，而这期间，特别是鸦片战争这一年，达到了 1643.8 枚，实在是高得离谱。再加之大量的银两外流而没有进入，难怪清朝的物价上涨了。

四、清朝老百姓、商人负担加重，加剧了社会的不稳定。在缴税时百姓用同等粮食可换取的银两减少；商人的日子也不好过，根据文庆在《筹办夷务始末》一书里的记载，已经有官员向朝廷反映，"奏销如何能办？税课如何能清？"可见事态严重。

而更让人忧虑的是，鸦片贸易带给国人巨大的精神伤害，"东亚病夫"的称谓实在让人痛心疾首。

回顾历史，我们会发现西方国家是如何在亚洲展开贸易策略，并逐步占据主导地位的。

一、通过控制香料贸易，继而进行资本扩张。

二、控制重要贸易航线，建立贸易中转站及港口，继而垄断商路。

三、在控制东南亚贸易后，纵向深入推进。

四、争夺马来西亚市场，继而在亚洲市场进行资本扩张和商品倾销。

五、在夺取殖民地后，推行强制种植制度，将东南亚经济纳入西方贸易体系中。

六、推行甲必丹制度，即在华人居住区选择富商，负责管理华侨事务，而甲必丹则直接对殖民方负责。

英国成为世界霸主后，其东印度公司在世界范围内的资本扩张达到鼎盛时期，许多贸易规则及主导权都握在手中，面对这样的大格局，清朝政府该何去何从？是否有一种新兴的贸易制度能在夹缝中生存，并获得成长？

中西贸易新阶段与十三行的特许经营

中西贸易的矛盾

荷兰殖民者占领了巴达维亚后，因当地劳动力资源短缺，同时也为了将巴达维亚"建成整个东印度最大的城市"，荷兰殖民者采取贿赂地方官员、掳掠、诱骗的方式获得了大量的华人劳动力。

到了 18 世纪初，巴达维亚的华侨人数已达 2 万人，他们凭借勤劳、智慧在这里闯出一片天地，在工匠、饮食、制糖、酿酒等行业占据重要地位，为这座城市的繁荣做出了巨大的贡献，这也让荷兰人感到害怕。

1720 年，欧洲蔗糖市场逐渐趋向饱和，巴西的蔗糖比爪哇的甘蔗更加便宜。这样一来，双方就产生了激烈的贸易竞争，许多爪哇农场主破产，随之而来的是大量的失业者成了暴民，影响了社会治安。为了解决这一矛盾，殖民当局决定将这些失业者强行转移到锡兰、好望角当劳工，并规定"凡是最近十年至十二年内居留在巴城的中国人，未申请领取政府所颁发的居留准许证者，一概驱遣出境"。于是，华侨与荷兰殖民者之间的矛盾进一步加剧。

1740 年，一群拒绝登船到锡兰的苦力暴动了，因为他们担心上船后会被投入海中。不愿坐以待毙的华人劳工们决定反抗，推选一个叫黄班的人为首领。让人痛心的是，他们当中出了叛徒。

这个叛徒名叫林楚，是他向荷兰殖民当局告了密。本来就排斥华人的荷兰人，这下有了借口，一场大规模的屠杀开始了。这个事件即红溪惨案。这件惨案可以看作清朝在实行海关关税改革后遭受到的一个沉重打击。当时，有 1 万多中国人在巴达维亚被荷兰殖民者残忍杀害。残忍的屠杀持续七天，侥幸逃出者仅 150 人。

惨案传到清政府后，荷兰当局担心正处在盛世的清朝政府会采取军事行动。于是，逮捕了其总督华尔庚尼尔，而他也死在了狱中。1741 年，荷兰殖民当局派专使前往清朝，但专使携带的"说贴"并未到达朝廷。不过，朝廷的处理方式却让人大跌眼镜。

惨案发生后，两广总督策楞在给朝廷奏折中说："恐番性贪婪，并有扰及商船，请禁南洋贸易。"闽浙总督那苏图则说："商船出洋十之八九，其中有暹罗、柔佛等国者，宜加区分。"

面对大臣们的议论纷纷，乾隆责令两广总督庆复办理此事，庆复的最终回复是："该原因内地违旨，不听招回，甘心久住之辈，在天朝本应正法之人，其在外洋生事被害，孽由自取。"

红溪惨案竟被朝廷说成是"自弃王化""与番民无异""孽由自取"，唯一处罚方式只是禁止了彼此之间的通商贸易而已，这样的处事方式让人唏嘘。而荷兰方面的损失，是让一个总督当了替罪羊。

然而，此事对清朝的影响却是深刻的，这标志着乾隆皇帝的贸易改革失败，柔远的政策已经不适合当时的贸易发展，清朝商人得不到应有的保护。西方列强的蛮横、肆意妄为事件时有发生，红溪惨案之后不久，发生了英国军舰擅自闯入广州虎门港的事件。

英国海军司令安森以"百夫长"号舰船捕获一艘葡萄牙商船，因补给出现问题为由，未经广州当局的许可就进入虎门港，还要求减免海关税费。本来军舰擅自进入他国海域就是敏感问题，现在还提出这样无礼的要求，朝廷震怒。广东府专门成立了海防军民同知，以此加强对进出口的船只管理。

英国人屡次违反清政府禁例，试图"移市入浙"，打开清朝丝茶产区的市场，让宁波成为另一个澳门。另一方面，江浙一带属物产富庶之地，如果英国乃至其他西方国家的势力进驻到这一区域，对清朝的统治也不利。同时，粤海关海防也比浙海关坚固，有利于防范外商和保证税收。于是，"一口通商"的贸易政策就出炉了。

1759 年，一个叫洪仁辉的英国商人（本名詹姆士·弗林特），通过行贿天津知府灵毓，说是要告御状。这个洪仁辉很聪明，他知道要想见清朝皇帝很不容易，就假说自己是四品官员，在中国做贸易受到不公平的待遇。灵毓应是深谙此道，他的开价很高，5000 两白银一个子儿也不能少，否则此事难办。

洪仁辉告御状是假，借此机会接触到清朝最高层才是最终目的。然而，他也洞悉到朝廷官员的腐败，在经过一番讨价还价后，以 2500 块西班牙银圆成交，先交 2000，事成之后再交 500。

洪仁辉口中的不公平待遇到底指什么？这事还得从乾隆于 1757 年 12 月 30 日对英国东印度公司在宁波等地的商人颁布一些规定说起，根据《清实录》中的记载，"将来只许在广东收泊交易，不得再赴宁波。如或再来，必令原船返棹至广，不准如浙江海口。"

具体负责此事的是闽浙总督杨应琚，他在接到谕旨后，责令两广总督李侍尧执行。1758 年 2 月 3 日，李侍尧与海防同知、香山县知县、税口委员等官员开始传集英国商人，在这些英国商人中就有一个叫洪仁辉的。三天后，清朝要求英国商人的货船不能再到浙江，否则定然押回广东。大部分英国商人都表示遵守，就洪仁辉明确表示有异议。

为了防止英国商人再到浙江进行贸易，李侍尧随即派人前往巴达维亚通知荷兰总督，如有英国商船寄碇，请立刻告知他们"番船口岸定于粤东，不得再赴浙江"。然而，英国商人，尤其是洪仁辉暗地里依然违反规定，想尽办法继续进行违法贸易。

针对清朝的禁令，当时英国东印度公司董事会提供了两套应对方案。第一是派出使团进行外交活动，借适当时机提出要求；第二是上诉清朝政府，控告地方当局。

当时的英国经济学家庇古主张采取第一种方案，试图通过乾隆母亲七十寿辰之际提出贸易要求，为此，他反复强调使团中公使代表必须以国王的名义出使，以显尊重，而此代表也必须从未去过清朝，具备相当头衔或名望、正直或谦虚。他还建议使团由澳门或广州出发，随时挂上旗帜，带上贵重礼物，搭载法国的公使船，因为法国人深受清朝政府喜欢，所载货物不用交税。具有讽刺意味的是，这个洪仁辉内心一点儿也不正直或谦虚，此事能成功就奇怪了。

庇古向英国东印度公司董事会提交了十条建议，这十条建议也是使团伺机向清朝政府提交的贸易合作内容，部分内容如下：

一、特许公司船只在清朝的任何港口进行贸易，免去 6% 的货税和 1950 两规礼，享有与清朝商人同等的商业权利，对英国的课税不要超过清朝政府的规定。

二、允许公司在清朝有一个常驻据点，并可在据点建造房屋、仓库，以便贸易。

三、允许公司在都城北京设立一个常驻据点，在任何时候可以自由觐见清朝官员。

四、允许英国人在广州、澳门等城市自由行动，取消征收广州、澳门间的过境税。

五、对食品、酒和必需品不征税，不准海关官员榨取礼物。

英国东印度公司董事会对此进行了研究、讨论，决定不采纳。于是，只能采用另一套方案。随后，英国购买了一艘只有 7 吨重的小船"成功"号，由洪仁辉使用，洪仁辉于 1759 年 6 月 13 日从广州驶往宁波，一天后到达定海县四礁洋面，结果被当地把总谢思发现，却狡辩说这是英吉利国船，5 月间由广东空船出口，货物银钱俱在后面大船上，欲往宁波贸易。定海镇总在得知此事后，劝其返回广东进行贸易。然而，洪仁辉是何等狡诈，表面应承，暗自我行我素，以致后来竟然擅闯宁波港，还说自己是英吉利四品官，在广东、澳门做贸易，因行商黎光华欠其本银 5 万余两不还，官衙层层推诿，心里十分憋屈，要向乾隆皇帝告御状。

此事惊动了朝廷，乾隆大怒，对英国东印度公司提出的要求全部不予理睬，对海关官员腐败进行了严厉查处，而洪仁辉也被判在澳门圈禁三年。经过这个事件，清政府制订了一系列针对外国商人的管理措施。其中，最著名的就是《防夷五事》，其主要内容见下：

一、禁止外国商人在广州过冬。

二、外国商人到广州，应令寓居洋行，由行商负责稽查管束。

三、禁止中国人借外商资本及受雇于外商。

四、割除外商雇人传递信息之弊。

五、外国商船进泊黄埔，酌拨营员弹压稽查。

《防夷五事》后，清政府于 1809 年又进行了修订，由于英国商人屡次破坏规定，这次修订内容特别增设了一条，即禁止兵船擅入十字门及虎门各海口。

英国方面，也因屡次贸易受阻，特别是大鸦片商和广东的英国商人竟然要求英国政府采用武力，以确保他们的鸦片贸易不受到伤害；1836 年，曼彻斯特商会、伦敦东印度协会多次向英国政府提出要求，以武力打开清朝市场。

1839 年，让他们"倍感耻辱"的虎门销烟事件发生后，鸦片战争爆发，因一系列的不平等条约产生，曾经强大的清帝国沦为半殖民地国家，清朝商人面临着沉重的打击。

因为"一口通商"，偌大的清帝国只剩下广州一处口岸延续对外贸易来往。广州港作为当时对外贸易的第一大港，直到 1842 年签订《南京条约》为止的 320 年间，基本上垄断了全国的对外贸易，促进了广州的繁荣。

然而，这样的策略反而促使清政府认为英国的屡次违规只是单纯的军事事件。比如 1808 年，英国海军少将在没有获得官方同意的情况下，就擅自占领了澳门东望洋、娘妈阁、伽思兰三处炮台；又如 1830 年广州的盼师事件，实际上是英国商人精心策划的阴谋，用以对抗广东当局。

在这样的情况下，清政府所做的举措，不外乎是制定一些贸易政策来进行应对。英国自工业革命后，急需扩大海外市场，特别是棉纺织业的迅猛发展，迫使英国必须尽快开拓更为广阔的倾销市场。像清朝这样广阔的市场以及巨大的手工业生产能力，自然成为其海外资本拓展的重要目标。可惜，清政府未能看透其中玄妙。

清政府的应对

然而，我们是否就可以断定清政府所做的努力如同杯水车薪？为了解开这个谜团，就需要对十三行制度进行解析。

在清朝初期，十三行制度在全球贸易中发挥着重要的作用。这一点，可以从有"广东徐霞客"之称的屈大均在其著作《广东新语》中的说法得到印证："洋船争出是官商，十字门开向二洋，五丝八丝广缎好，银钱堆满十三行。"可见，十三行在全球贸易中所获得的利润是多么的丰厚。并且，在东粤的货物都叫作十三行货，这也能说明十三行在全球贸易中有着重要的地位。

清朝政府实行的十三行制度是在明朝的行商基础上发展而来的。在明朝，它又叫作三十六行。简单来说，这是经由明朝政府特许存在以经营进出口货物为主的三十六个行铺。这三十六个行铺作为政府进出口贸易的载体，不像市舶司这样的机构拥有盘验纳税等职能。

为什么说清朝的十三行制度是在此基础上发展而来的？根据梁廷枏在《粤海关志》一书中的说法，"国朝设关之初，番舶入市者仅二十余柁，至则劳以牛酒，令牙行主之，沿明之习，命曰十三行。"这里的"沿明之习，命曰十三行"已经说得非常明白了，而且该书中还说："舶长曰大班，

▲广东十三行的茶叶贸易：虽名"十三"行，并无定数，但经济利益巨大毋庸置疑

次曰二班，得居停十三行，余悉守舶，仍明代怀远驿旁建屋居番人制也。"可见，清朝的十三行制度与明朝的三十六行有着重要的相袭。

赚取最高利润的主要方式之一就是垄断。清朝试图通过这样的形式来保证其贸易的市场主导地位，遗憾的是十三行制度仅仅起到了让企业强大的作用，并未在全球贸易中获得持续发展，最重要的原因是政府与企业的关系未能做到像西方国家那样的"调和"。

纵观历史，我们会发现 18 世纪到 19 世纪初期广州的垄断贸易中只有两大贸易集团具备这样的能力。它们分别是清政府的十三行、英国的东印度公司，这两大集团几乎垄断了广州的全部贸易。

我们来看英国东印度公司在广东的贸易实力，根据马士《东印度公司对华贸易编年史》统计，1635—1710 年间，东印度公司的贸易船只仅有

61 艘，其中到广州的 17 艘，到厦门的 23 艘，其他则到台湾、澳门、舟山。然而，从 1710 年开始激增：1710—1756 年间有 160 艘；1757—1774 年为 198 艘；1775—1804 年为 497 艘。

虽然十三行与英国东印度公司的背后都有政府的支持，但是两者又具有明显的区别：

首先，十三行获得了清政府授予的大宗商品的贸易特权；英国东印度公司不但拥有这样的权力，还拥有政治、军事、经济等多方面的权力，这是十三行无法相比的。因此，英国东印度公司能在海外开拓许多殖民地，成为英国政府在海外殖民地的代表。

其次，十三行在海外贸易的角逐中逐渐沦为清朝政府控制外国商人、实施怀柔远人策略的工具；英国东印度公司则成为政府开拓全球贸易、掠夺殖民地的工具。两者所呈现的意识形态截然不同。

清朝政府用十三行的制度来牵制外国商人的贸易扩大与垄断，其最根本的原因在于它不承认国家之间的贸易，闭关锁国是其基本策略。因此，它不可能设置像东印度这样的公司来应对或者说开拓全球贸易。

然而，随着全球贸易的向前发展，清朝政府又不得不接受现实，于是，已经具有相当实力的十三行就成为政府管理本国商人的最佳选择。既然做不到全球贸易的龙头，何不退而求其次，用尽可能牵制全球贸易。这样看来，清朝政府与十三行之间的关系就好比委托人与代理人之间的关系。

只是，问题又出来了：

一、十三行与清政府之间的目标不一致。前者的贸易效益与利益受不到政府的有效保护，因为后者只关心前者是否能维持政府贸易秩序，只有在发生破坏贸易秩序的时候，后者才会承担责任，遗憾的是，仅这一点也未能做到很好。

二、十三行的责任和负担明显增大。因为它不但要为生存所努力，还要承担政府给予的任务。然而，如果连生存都成问题，谈何其他的呢。

反观英国东印度公司就不同了，它和政府的目标是一致的，都是为了拓展海外市场，在全球贸易中获得更大的利益。这样一来，政府不但不会干预公司的内事和外事，还会在公司出现问题后，想尽办法帮助公司渡过难关。

于是，十三行与英国东印度公司的角逐结果就可想而知了。同样是具备垄断的特质，但呈现的经济后果却截然不同。

十三行制度的建立

十三行制度的产生，与平南王尚可喜和靖南王耿继茂等人对南部沿海私人贸易的控制有关。藩王们权力过大，清政府虽然实行海禁，但根据相关历史记载："海禁甚严，人民不得通澳；而藩王左右阴与为市，利尽归之。"更为严重的是，藩王们"潜引海外私贩，私行无忌"。比如平南王尚可喜竟然勾结亡命之徒，私自建造大型商船，与国外商人进行贸易，所获得利润难以计数。

鉴于这种情况，清朝政府于 1662 年下令迁海 [1]，可惜不但广州的贸易没有停止，反而出现官府派船收税的现象。比如那些在澳门的商人在广州做完生意后，又在护航船的庇护下停泊在舟山进行走私贸易。

按照李士桢在《抚粤政略》一书中的说法，"打造海船，私通外洋，

1　闽、浙、粤、苏、鲁、直六省沿海居民内迁三十至五十里，沿海人为地制造一条无人地带。这样既可以杜绝沿海居民下海，也为了防止郑氏集团掠夺沿海资源。

一次可得利银四五万两。一年之中，千船往回，可得利银四五十万两。"这样看来，获利不菲啊！藩王们，尤其是平南王尚可喜和靖南王耿继茂获利最多，且当时的十三行受制于他俩。

这样的结果在开海后并没有及时得到控制，十三行又成为各路势力或地方官员们获利的工具。具体来说，海上贸易这一块有四股势力在掌控，其中广东藩王尚之信控制下的王商，他们主要是尚之信的家人、属下、奴仆等，这些人在尚之信的庇护下垄断贸易，勒索渔民；总督控制下的总督商人；将军控制的将军商人；巡抚控制的抚院商人。

需要说明的是，后三者主要是因为自1685年粤海关成立后，因两广总督、广州将军和广州巡抚各颁发洋货行许可证而产生。到了1701年，连粤海关也受不了海外贸易的高额利润诱惑，也开始颁发自己的洋货行许可证，并委派可以直接与朝廷"沟通"的皇商，凌驾于各派官商之上，意图垄断外贸。而十三行也出现了富可敌国的商人，像以茶叶贸易为主的伍秉鉴还被《华尔街日报》列为上个千年世界上最富有的50人之一。

由各大势力掌控下的十三行为了争夺贸易利润，明争暗斗，给广州的贸易造成了巨大的混乱。最典型的事例要属1699年发生的洪顺官贸易事件。

这一年，一艘由东印度公司派出的"麦士里菲尔德"号英国商船抵达澳门，在交纳480两船钞后，

▲伍秉鉴

取得了海关监督的许可证。大班道格拉斯在经过一番考察权衡后决定与商人洪顺官展开合作。然而，这桩价值不菲的贸易引起了其他行商的垂涎，想要分得一杯羹。

洪顺官拒绝了，这事惹恼了商行后的掌控者，在总督的操纵下，洪顺官被羁押。走投无路的洪顺官被迫同意与他们合作。于是，这桩生意就形成了既有总督商人，也有将军商人，还有抚院商人参与的局面，他们共同与"麦士里菲尔德"号合作。10月24日到25日，"麦士里菲尔德"号将铅、毛织等货物运到广州城内，并按先前与洪顺官在澳门签订的购销合同，由洪顺官代缴关税，承销部分货物，代购回程货物。

然而，这桩生意在进行中发生了变故，货物不能按预定价格卖出，而"麦士里菲尔德"号也无力购买回程的货物，再加之其违反了清朝政府规定的不得在广州过冬的规定，这桩生意失败了，洪顺官损失惨重。在广东黄埔港滞留的"麦士里菲尔德"号因停靠时间太长，引起广东地方政府的注意，海关总督出来调解，几经谈判，双方同意洪顺官以6500两的价格将"麦士里菲尔德"号的半数绒布买下。11月，"麦士里菲尔德"号离开广州，驶往舟山、宁波抛售余货。

是的，外国商人已经感受到十三行背后所呈现的病态贸易。如果说洪顺官贸易事件还不算典型，那1704年发生的皇商事件则更具代表性。根据英国商人的说法，皇商来头不小，有皇太子掌控，初为盐商，因瞒报盐税而受到惩罚，后设法与皇太子取得联系，达成了某种合作关系。于是，在皇太子的支持下，竟然只花了4.2万两白银拿下了广州对外贸易的所有权。

有意思的是，这皇商是"空手套白狼"，既没有雄厚的资金，也没有

▲清十三行图景：广州十三行总理对外贸易的格局渐渐形成，近代以前广东成为离世界最近的窗口

实际的货物，且信誉还不好。1704 年，一行英国商人来到广州进行贸易，他们没有选择皇商，而是与其他的商行进行合作，这事惹恼了皇商，直接申诉到总督那里。总督深知其中玄妙，不敢得罪。最终的解决办法是，其他商行给皇商贸易补偿。由此可见，多方势力掌控下的十三行在广州的贸易有多么混乱。

面对这样的局面，行商们决定联合抗争，以图摆脱各方势力的掌控。1720 年 11 月 26 日，行商们歃血为盟，制定十三条行规。从行规的内容来看，主要涉及以下几方面：

一、以联盟的形式形成强大的垄断组织，所有贸易合作统一分配进行。

二、行商之间的利益分配尽可能均匀。

三、诚信贸易，杜绝欺骗行为，保证商品质量。

在这样的行规下，广州贸易的混乱局面有了好转。然而好景不长，英国商人与外行商人勾结，十三行的行规形同虚设，最终被迫解散。

如前文所述，十三行制度不能获得良好发展，因为它只是清朝政府用来约束外国商人的工具，并且十三行还要承担很多的风险，政府却不能给予很好的保护。

因此，到了后期，在重重压力下，出现了不少商人贿赂广东总督的现象。同样是垄断，清朝商人生存艰难，难以继续在全球贸易中施展拳脚，而西方商人却能在政府的保护下如鱼得水，实在让人唏嘘。看来，这样的特许经营阻碍了清政府在全球贸易中的健康发展。

欧洲的胜利抑或东方的失败

朝贡贸易的衰落

一般来说，自由贸易是可以让资源得到比较好的配置的，实行自由贸易符合经济的发展需要。但在特定的历史条件下，即分工还处在比较原始的情况下，拥有更多、更好的商路、航线就能形成垄断贸易，西欧的海上强国在海外贸易扩张的过程中，大都有政府的积极参与，主要体现在以下两方面：

一、政府以军事作为前锋，抢占更多的殖民地，为商人进行海外贸易开路。

二、政府帮助商人开拓市场，排挤竞争对手，形成强大的垄断贸易经营圈。

这样的贸易形势在为这些国家提供了大量的财富的同时，也使得海外殖民地资源得到破坏，最终走向贫瘠。换句话说，当市场力量发展到极限，就将面临资源的制约，进入到马尔萨斯陷阱[1]。欧洲的国家是如何缓解这种困境的呢？

简单来说，得益于新大陆的生态横财。15 世纪到 17 世纪的欧洲，进行了一系列通往印度新航路、美洲、环球航行以及其他航海探险活动。在这些地理新发现中，欧洲国家通过拓展更多殖民地、获取更多的资源，就能避免进入到马尔萨斯陷阱中。

以智利的硝石开采和秘鲁沿海大量的鸟粪石为例，这些极好的资源，在欧洲化肥工业成长起来之前，大幅度地提高了农业的单产水平，使得欧洲突破了马尔萨斯陷阱。

这就是说，当时的欧洲国家大部分都在想尽办法在全球贸易中获得一席之地，并通过殖民拓展而获得原材料，进而转化为可用的商品，倾销到全世界。反观亚洲，尤其是明朝和清朝时期，它们又是如何做的呢？

明朝通过朝贡贸易制度构架了能支配亚洲贸易的体系，这一点如日本著名的历史学家滨下武志所说："以中国为核心的与亚洲全境密切联系存在的朝贡关系即贸易关系，是亚洲而且只有亚洲才具有的唯一的历史体系。"

"怀柔远人"的策略并不适合全球贸易的发展，用政治性取代贸易的经济性显然是错误的。因为，这样的朝贡贸易忽略了亚洲本已存在的私人贸易，更何况，当朝贡贸易达到繁荣时期后，许多海外贸易也不是通过朝贡贸易渠道发展起来的。虽然，朝廷已经尝到了大量白银流入国内的甜头，

1 　政治经济学家托马斯·罗伯特·马尔萨斯提出：人口增长是按照几何级数增长的，而生存资料仅仅是按照算术级数增长的，多增加的人口总是要以某种方式被消灭掉，人口不能超出相应的农业发展水平。

也朝扩大朝贡体系范围的方向努力过。

但是，这样的发展方式与西方的扩张方式截然不同。前者不遵循全球贸易市场规律，后者不但遵循规律，还具大野心，既有政府的保驾护航，也有各种贸易公司的垄断辐射。当东西方贸易特质相碰撞而不能得到很好解决的时候，暴力贸易就产生了。

其实，早在明朝以前就存在由海外华商建立的全球贸易体系。按照陈希育在《中国帆船与海外贸易》一书的观点，以宋元时期为例，当时的全球贸易已经做到了北自朝鲜和日本，南至爪哇和苏门答腊，东起香料群岛，西到阿拉伯和东非。如此广袤的贸易范围就算明朝的郑和下西洋也未能达到。

可见，当时的全球贸易中，古代中国占据了重要位置，其商船活跃在世界大洋上，成为重要的商业力量。另，书里还记载了这样一个重要内容：14世纪初一个叫伊本·巴图塔的摩洛哥探险家、旅行家（曾在亚洲和非洲游历了30年，著述颇丰）在印度的喀里克脱港口[1]看到有13艘古代中国的商船。印度与古代中国的海上贸易航线是被中国人掌控的。而著名海外华人研究专家和东南亚研究专家庄国土在《中国封建政府的华侨政策》一书里指出，菲律宾也在宋元时期进入到了由华商构建的贸易圈。

到了明朝，政府为了分得其中利益，采取海禁与朝贡贸易相结合的策略，试图掌控这样的贸易网络，遗憾的是只形成了非入贡没有贸易的局面。换句话说，只有具备朝贡国的资格，才能与之进行贸易，郑和下西洋算是此种局面下做得比较成功的了。

那么，问题出来了，明朝是如何将朝贡贸易有效地植入其中的呢？

一、控制全国的造船业。

1　今卡利卡特，因郑和与瓦斯科·达·伽马曾登陆此地而著名。

若是民间的船只改造为商用船是不能出海的。根据陈希育在《中国帆船与海外贸易》一书中的说法，"近海违式商船，皆令拆卸，以五六尺为度，官给印照。"《明实录》中也记载说："原有海船者悉改为平头船。所在有司防其出入。"所有能出海的船由官方改造或建造，以 1370 年、1389 年、永乐年间为例，经由官方改造或建造的船就多达 8460 艘，足见官方造船业的繁荣。

又以郑和下西洋所用船为例，仅前两次出海的船总数就多达 457 艘，最大的船只在 44 尺左右，能搭载 1000 多吨的货物；哥伦布第一次美洲航行也不过三四艘而已，最大船只载重量不超过 120 吨。郑和下西洋每次的人数大约在 27000～28000 人之间，这些数据也可作为明朝官方造船业繁荣的印证。

除此之外，明朝航海技术也十分先进。当欧洲只能沿着海岸线附近进行航行的时候，明朝的船只已经能远洋航行了；当遇到风暴的时候，欧洲的航海家只能手握船舵，高念《圣经》祈祷上帝保佑，而明朝远洋航行船队抵抗风暴的能力是他们不能想象的。

二、政府控制主要贸易。

既然严格控制民间造船，当然也能做到控制主要贸易渠道。

三、配合第二条还制定了勘合制度。

想要与明朝建立贸易就必须是符合规定的朝贡国，具体由礼部来进行勘合的文簿。按照《明实录》中记载，凡是取得勘合文簿的客商，其货物要在勘合上写清楚，商船到达明朝后还需要比对朱墨字号，确定无误后方可进行贸易或上贡。这种制度在先期的确为朝廷带来了巨大的经济效益，因为主要朝贡国如朝鲜、琉球、安南、暹罗等都在明朝周遭，距离较近，出海成本低。郑和下西洋后，曾掀起海外多国朝贡的繁荣局面，但到了后期，就呈现大幅度减少的局面，这里面有一点就是航行距离远，成本增加，勘合烦琐以及贸易渠道太少所致。

四、制定先招徕海外商民后绞杀的策略。

这一点够毒辣，特别是在明成祖即位后，对南洋商人实行诱招而后剿杀的策略，大量在外的华商遭到杀害。由于皇恩浩荡，加之郑和下西洋的大肆宣传，大量的海外华商回国，结果一回来就遭受到剿杀的厄运。这样一来，海外具备能力的华商就大幅度减少了。

五、用朝贡贸易逐渐取代民间贸易，所获得利润用于填充国库。

在之前的民间贸易中，用瓷器、绸缎等商品换回来了胡椒、香料、染料等商品。这些商品纳入朝贡贸易后——比如胡椒就可以当作文武官员的俸禄，有多余的，所产生的利润可纳入国库。到了后来，由官方制作赏赐的物品，诸如丝织品、瓷器、纸张均由官方管控。

尽管上述五方面的确起到了不错的成效，但随着时间的推移，其弊端越来越凸显。最重要的一点就是压制了市场的正常发展，使得民间贸易的规模开始呈下降的趋势。

根据《明实录》的记载，1444 年 2 月，曾有民间贸易出海，有 55 人组成船队前往爪哇，这算是较大的规模了。而 1472 年，有民间贸易者 29 人，在海上遭遇风浪后，刚一上岸就被捕，其中 14 人被杀掉，剩下的人全部死于狱中，可见明朝禁止出海贸易有多么的严厉。即便如此，还是有不怕死的民间商人或与地方官员勾结，或由豪门出资进行着走私贸易。久而久之，海外贸易也转而为地方官员、地方豪门控制了。

民间贸易的兴起

明朝中后期美洲的白银大量涌入，明朝也实行了财政改革，如著名的张居正"一条鞭法"，但朝贡贸易制度下的海外贸易还是严重不能满足市场需要了。于是，民间贸易再度繁荣，并且还出现了实力雄厚的海商集团。而进入到亚洲海域的西方商人也多了起来，他们与明朝商人展开了市场竞争。

海外流入明朝的白银源头主要是美洲和日本，因为这两个地方是当时白银的主要产地。这些白银大都是因换取丝绸、陶瓷等而流入。这里以美洲为例，自从 1545 年在秘鲁的波托西和 1548 年在秘鲁的萨卡特卡斯两地发现银矿后，那里的白银就被大量开采，然后向外输出。按照英国学者威廉提供的数据，波托西的白银在 1571 年到 1595 年间就生产出 773.648 吨，而随着混合提纯技术的成熟，美洲的白银又呈现出大幅度提高的趋势。

根据贡德·弗兰克在《白银资本：重视经济全球化中的东方》一书的内容，美洲白银在 16 世纪大约生产出 17000 吨，17 世纪约为 42000 吨，而到了 18 世纪约为 74000 吨。这些白银有 75% 直接流入欧洲，意味着欧洲在世界贸易中的购买能力增强，而随后大量的白银流入亚洲，使得欧洲贸易融入到了亚洲贸易。这里面，西班牙、葡萄牙、荷兰、英国等国功不可没。

我们下面简单介绍下，白银流入的几大航线：

一、西班牙通过两大航线到达亚洲。第一条从波罗的海或摩尔曼斯克经斯堪的纳维亚、俄国到达波斯，最后再到亚洲。另一条航线是从黎凡特到亚洲。

二、葡萄牙、荷兰、英国这三国通过好望角航线到达亚洲。

当这些白银到达亚洲后，又有几条航线进入到明朝市场：

一、从马尼拉流入，以崇祯年间为例，每年大约有 144 万两，整个崇祯年间大约就有 2304 万两流入。以万历元年到崇祯十七年为例，大约有 7200 万两流入。

二、从菲律宾或澳门流入，以 1571 年到明朝灭亡为例，大约有 4320 万两流入。

这里做一些补充说明，从菲律宾或澳门流入明朝市场的白银主要是美洲白银和从欧洲流出的白银。以 1550 年到 1650 年为例，大约有 2340 吨白银从菲律宾流入明朝；以 1600 年到 1800 年（包括清朝）为例，大约有 3000 吨白银从马尼拉流入，而从日本流入的至少有 10000 吨。一个更为直观的数据：以 1800 年以前的两个半世纪为例，古代中国从海外市场获得了 60000 吨白银，欧洲人平均每年购买了价值 226 吨白银的货物。这个量实在是大得惊人。

因此，在这样巨大利益的驱使下，很多商人纷纷出海进行贸易，古代中国的商人正是在这样的大背景下拥有了全球贸易市场的重要一席。而在这些商人中又以浙江宁波、福建沿海为主。他们建立私人海上贸易港口，活跃在双屿港、烈港、岑港、舟山、月港、梅岭、龙溪、南澳、蓬城等港口。

陈子龙在《明经世文编》中这样描述：大群数千人，小群数百人，比比猬起。每年夏季，大海船数百艘，乘风挂帆，蔽大洋而下。据说有一天，航行在舟山洋面上的商船竟然达到了 1390 艘，可谓壮观！张燮在《东西洋考》一书中记载，仅月港就有东、西两洋的 40 多个国家和地区在这里进行贸易，在这些国家中除了本来的亚洲国家，还有欧洲的葡萄牙、西班牙、荷兰、英国等国。

如此盛况，见证了私人贸易的繁荣，而活跃在贸易中的小商贩更是数不胜数，甚至还有因此而移民海外的。有史料记载万丹的华人商贩工作的场景：当地的中国人多是向农民收购胡椒的小商贩。他们手提一秤杆和两个布袋，渗入到农村各地收购……整天背着沉重的包袱，从一条巷子走到另一条巷子去叫卖。大量的华人移民海外，他们多移民到菲律宾的马尼拉、印度尼西亚的巴达维亚、日本的长崎、马来半岛的北大年、遍罗的大城等，如在菲律宾定居的就超过 16000 人（至万历十六年，即 1588 年），后又增加到 30000 多人（至万历三十一年，即 1603 年）。又如在巴达维亚，特别是在红溪惨案之前，人数竟然有 40000 人。就连在遍罗的华人都有 4000～5000 人。应该说，华人为全球贸易的繁荣做出了积极的贡献。

随着海外贸易的繁荣，经过一定时期的"发酵"，一些具有独到眼光的古代中国商人为了抵抗西方商人和朝廷的打压，相互联合、成立武装部队，逐渐形成了具有雄厚实力的海上贸易集团。这些贸易集团以江浙皖、闽广、郑氏为主，相关内容见下：

一、江浙皖集团。他们主要活跃在 16 世纪 40 年代和 50 年代，像许栋、王直、徐海都是赫赫有名的人物。

二、闽广集团。主要活跃在明朝中叶，像何亚八、林国显、曾一本等都是实力雄厚的代表。

三、郑氏集团。因最后归顺了政府，继而又吞并其他海商力量，最后成为南部沿海地区势力最强的海商集团。

江浙皖集团和闽广集团的贸易对象主要是日本、南洋，其中掺杂了许多走私贸易。比如江浙皖集团里的徐氏兄弟和李光头，因与日本贸易获利巨大，从而强强联合，称霸海上。

林仁川在《明末清初私人海上贸易》一书里这样描述道："日本之夷，初见徐海，谓中华僧，敬犹活佛，多施与之。"再如著名的广东海商林凤，由他掌控的贸易集团势力非常雄厚，可以在东南亚一带直接与西班牙人进行贸易据点争夺战。1574 年，他为了争夺南洋的重要贸易港马尼拉，以 62 艘大船的武装力量开赴吕宋，在当年的 11 月打死了西班牙驻菲律宾的总指挥，却没有攻下马尼拉港。虽然最终失败了，但林凤在冯嘉施兰（当时菲律宾的一个古国）建立了定居地。

其实，如果明朝政府能支援林凤，以当时的实力，是完全可以将西方商人在亚洲的势力完全清除的，遗憾的是明朝政府不但没有这样的意识，反而想尽办法进行剿杀。

当然，像林凤这样的实力集团远不止一个。1604 年荷兰东印度公司的范·瓦伟克船长在加里曼丹西部的苏加丹发现了金刚钻，这可把他惊喜坏了，经过四年的准备，欲大量开采时，遭受到在当地立足已久的中国商人的抵制。虽然，荷兰东印度公司采用武力强行占据了加里曼丹，并在马辰、若那、苏加丹建立了商馆，但这些都没有用，明朝商人的势力在那里根深蒂固，荷兰方面不得不取消建立的商馆。

这表明 16 世纪末早已有华侨在该处开采。50 多年后，荷兰人卷土重来，依然失败，究其原因有以下三点：

一、明朝商人的实力不容小觑，且在那里根深蒂固。他们能提供大量的技术型人才，以及生活、生存所需的原料。比如万丹，那里土地贫瘠，只能产出少量的米谷、胡椒、木棉。荷兰人如果只依靠这些，根本无法生存下去，而明朝商人能提供他们所需的东西。

二、明朝商人更擅长经营贸易，使得当地人更愿意与其贸易。

三、明朝商人在当时的东南亚贸易中的重要作用，经过时间的沉淀，已经在这些地区形成了稳定的贸易网络，荷兰想在亚洲立足，不得不依靠其力量。

亚洲海贸主导权的丧失

然而，好景终是被西方打破了。

虽然在清朝开海后，海外贸易有所巩固与发展，特别是在茶叶、丝绸、瓷器等贸易上表现突出，像晋商、徽商、江右商帮、山东商帮等都表现不俗，但亚洲贸易的主导权还是慢慢丢掉了。

如此大好的形势为什么就衰败了呢？

这得从海上商业主导权的丧失说起。

到了清朝，虽然海外贸易对其商业的繁荣起到了积极作用，但是也仅在贸易量方面得到体现。正如上文所述，国家对贸易的态度、制度、政策更为关键。与清朝做贸易的国家大部分在东南亚区域，而这一区域也逐渐被西方国家所掌控。换句话说，其贸易主导权已经移交到西方国家的商人手中。

像东南亚的吕宋、爪哇、苏禄、巴达维亚等都是和清朝贸易的主要国家，因受到西班牙、荷兰、英国等国的控制，其贸易主导权就逐步丧失了。以巴达维亚为例，1626 年，荷兰人禁止清朝的商人在北大年 [1]、詹卑 [2]、望加

1　泰国西南部港口城市。

2　印度尼西亚苏门答腊岛东岸詹卑一带。

锡、帝汶进行贸易。1683 年，荷兰人更是猖獗，只允许清朝的商船在其统治区进行贸易，并征收高额税。由于主导权的丧失，清朝商人在东南亚的贸易遭受到沉重打击。西方商人在这一区域建立起了属于他们的贸易网络、贸易规则。

这些地区或被葡萄牙、西班牙控制，或被荷兰、英国、法国控制，而前往贸易的中国商船呈逐年下降趋势，到后来几乎没有了，比如与吕宋之间的贸易，1761 年到 1793 年，完全空白。反观西方国家的商船，以 1749 年到 1808 年为例，在粤海关贸易的数量从 194 艘增长到 785 艘。

那么，西方商人是如何得到亚洲贸易的主导权的呢？首先一点是，他们的贸易原则多以武力方式呈现，然后窃取古代中国的手工业技术，使得本国的商品竞争力大大增强；再用本国的商品在武力的开拓下，占取亚洲市场。

从经济贸易的角度来看，西方商人进军亚洲贸易，并实现赢利，这一过程还是相对漫长的。在 17 世纪中期以前，欧洲国家在亚洲贸易赢利的项目基本上只有香料，再加上当时中国的手工业商品还没有在欧洲市场占据较大份额，因此，欧洲人就借助当时中国构建的亚洲贸易网络获得了赢利的机会。比如葡萄牙商人就发现了这样的机会，他们利用商站，赚取中日之间的转口贸易利润。

17 世纪中期以后，因茶叶、瓷器、丝绸等商品在欧洲市场打开了销路，进入到普通百姓家，导致香料价格逐渐下降。这时候，西方商人不乐意了，他们就采取与古代中国直接贸易的形式来争夺亚洲市场。

首先是控制香料市场。葡萄牙人占据了先机，从夺取马六甲作为开端。

因为，马六甲的贸易地理位置十分重要，位于太平洋与大西洋航线的要道，它既是香料贸易最为重要的集散地，又是西方商船进入到亚洲区域的停留站和补给站。

当然，仅控制马六甲还不能说就完全掌控了香料贸易。因为，还有其他的香料群岛盛产香料，也就是说，无论是公开的，还是走私的商人，都可以从这些香料群岛上运走香料。比如，马鲁古群岛也盛产香料。因此，葡萄牙人就侵占了马鲁古群岛。之后，特尔纳特、蒂多雷等地也落入葡萄牙人手中。

随后，是西班牙的加入。它将目光锁定在菲律宾群岛，虽然占领这一区域早期没有什么价值显现，但西班牙人慢慢发现从事白银贸易就能打开亚洲贸易市场。于是，西班牙从美洲获取大量的白银，这些白银很快就促使西班牙人成为中西贸易的中间人。具体操作是这样的：

一、鼓励各国商人到菲律宾开展贸易活动，集聚人气。

二、派出大帆船将美洲的白银源源不断地运往马尼拉，用这些白银购买大量的亚洲商品后，运往美洲和欧洲销售。这当然得益于西班牙掌控了大量的海上贸易航线。

三、将马尼拉建设成重要的贸易港口，该港口的繁荣期竟然长达几个世纪。

这样一来，西班牙人就在贸易中获得了巨额的利润。荷兰人看到西班牙人受益颇丰，为了能进入亚洲市场，建立了荷兰东印度公司，并在政府的支持下，采取两线作战的策略：先武力夺取马六甲，再发动香料群岛争夺战。

英国属于后来居上者，其策略主要如下：

首先，将制海权与贸易结合在一起。英国人认为，如果没有强大的海军，将成为邻居的猎物；而如果没有贸易，也将成为邻居的猎物。因此，控制海上贸易通道，刻不容缓。应该说，在七年战争（1756—1763）后，英国在印度站稳了脚跟，继而以此为大本营不断向亚洲扩张，最终成为与亚洲贸易最多的国家。

其次，采取特殊的殖民管理方式，即间接管理。基本上是每占领一处殖民地，就由当地自治政府管理自己内部事务，这样的好处在于可以避免很多的暴力反抗。

我们来看这时的中国，虽然有茶叶这样的畅销商品销往世界，但主导权不在手中，一切都是受阻的。西方国家往往采取控制重要航线的策略，对古代中国的商人征收重税。这样一来，利润就少之又少了，更可怕的是，西方国家还借此逐渐控制了内地的茶叶生产与加工，使得当时的中国成为他们的加工厂。

这还不算，为了彻底打败这一畅销商品，18世纪，英国人开始在其殖民地锡兰、印度秘密试种茶叶，又采取虚假广告的策略大肆鼓吹这里种植的茶叶是"地球之美品"，营养价值最高，并恶意贬低中国的绿茶，称其对人体肠胃有损伤作用。

另外，还将中国高档红茶祁红与锡兰、印度的茶叶混合进行销售，甚至直接将中国的茶叶换为锡兰、印度的茶叶倾销到中国市场。这一策略十分奏效，到了1889年，英国市场上的中国茶叶开始递减，到1893年，英国市场上基本就看不到中国的茶叶了。曾引以为傲的中国茶叶，就这么失去了畅销市场，让人唏嘘。

瓷器的命运也是如此。比如1792年，英国东印度公司就直接下令能购买铜的时候就尽量不要购买瓷器；1801 年的时候做得更绝，完全停止了对中国瓷器的进口。美国是中国瓷器的重要市场，也因这样的操控，数量逐年递减，最后欧洲的瓷器占据了美国市场。

日本紧随其后，特别是明治维新后，因学习到西方的制瓷技术，到 20 世纪初，利用欧洲国家忙于战争的机会，抢夺了欧洲瓷器市场，而当时中国逐渐成为瓷器进口国。

明清时期的中国本应该在世界贸易中得到更大的发展，却因贸易制度的缺陷、政府对商人贸易的不保护政策等原因而错失了良机，值得今天的我们深思。

第五章

伸手世界：英国殖民拓建与海上贸易经营

英国在 19 世纪的巅峰时期，曾拥有或掌控世界四分之一的土地。海权意识的深入，使得帝国的政治、经济、科技等多方面都获得了长足的发展。

从棕榈油、红木贸易到罐头

英国海外贸易的调整

18 世纪后半叶，英国在商业贸易中的位置越来越重要，到 1880 年已经拥有最多的海外殖民地，以及最庞大的海军、商用船队。实际上，海外贸易能够正常运行很大程度上倚重于强大的海军力量。虽然在相当长的一段时间里，其海权控制仅仅扩张到有限的沿海、可航行水域下游的河段区域，但是，这已经凸显了海权在"国富民强"标准中的重要意义了。

像英国这样野心勃勃的国家深切地知道，从民众的意识入手，做到几近"全民皆海"的程度，就可以将民众从肤浅意识引向深层意识，即民众对海洋扩张产生强烈的欲望。

另一方面，英国政府已经看到奴隶贸易的扩张、海外商品的交易、人们往返于殖民地之间的活动、本国自给自足经济的日益衰退，以及同时与日俱增的制造产业商品的出口，这些便利的天时、地利、人和条件让帝国必须走向海洋强国扩张之路，从而主导全世界。从全球化贸易来说，19世纪的英国已经具备这样的能力了。

英国在 1807 年废除奴隶贸易后，开始探索新的贸易内容。但是，这并不意味着奴隶贸易就销声匿迹了，而是将奴隶贸易转交给其他国家的商人。这一时期，棕榈油的出口增多，用以满足英国工业原料日益增长的需求。然而，奴隶贸易的移交也导致了诸如比夫拉湾商品出口盈利的下降，首要的是因劳动力减少，不能满足商业生产需求。因此，在之后的 34 年里，奴隶出口贸易又得以复苏，且价格随之上涨。

欧洲在比夫拉湾的贸易主要集中在克罗斯河的老卡拉巴尔和里奥雷亚尔口的邦尼。到了 18 世纪中叶，邦尼成为比夫拉湾主要的奴隶贸易港口，

▲利物浦的黑奴贸易船

其奴隶数量是老卡拉巴尔的 3 倍多，到后来甚至超过了大西洋奴隶总数的三分之二左右。面对这样的困境，英国花费了近 20 年的时间来调控，其中棕榈油贸易起到了关键的作用。

棕榈油是植物油的一种，是目前世界上生产量、消费量和国际贸易量最大的植物油品种，与大豆油、菜籽油并称为世界三大植物油。从奴隶出口贸易到棕榈油贸易的过渡以及相关辐射的内容当中，我们可以看到港口

贸易调整的巨大作用。

18 世纪初期的一段时间里，奴隶贸易占据着比夫拉湾、大西洋贸易往来的主导地位。到了 30 年代，该地区每年运送到美洲的奴隶数量不到 4000 人，就连邻近的贝宁湾和西、中非都比不上。但是，到了 1740 年，该区域的奴隶贸易呈现出激增的趋势，相关资料显示，这时期有 150 万名的奴隶来到比夫拉湾。

在这样的背景下，英国废除奴隶贸易，其实是因工业革命的发展，需要更为广阔的商品销售市场和原材料导致的。棕榈油贸易在这时候就派上了用场，不过，问题也出来了，如何让更多的商人参与到这样的贸易中来呢？

简单来说，就是具有雄厚实力和高信誉度的商业家族来引领。像利物浦的商业家族们表现得就很突出，他们主要在比夫拉湾从事奴隶贸易，并且成为英国废除奴隶贸易后与非洲贸易往来的中心人物。

在长期的贸易往来中，诚实交易往往会促进各地区贸易的繁荣；反之，则会破坏。这就是说，商人们会传递一种交易价值观，并以此作为准行的法则。于是，另一种在贸易交往中产生的形式——信托或者说是信贷也产生了。像在尼日尔三角洲地区和克罗斯河的贸易，基本上都是货物的预付以抵付出口物的期货交割。英国的信贷在贸易扩张方面起到了重要的、积极的作用。

信贷促进了欧洲商人积极参与到世界贸易中，那时候，一份信用保险协议对交易的成功起到了重要作用。以至于后来成立了专门的信贷协议机构，比如老卡拉巴尔地区就成立了强制执行的信贷协议机构，该机构分为若干个等级，每个等级信誉度不一样，等级越高的成员，信誉度就越高。而高级成员也具备向所掌控地区来访船只收取过路费的权力。再后来的发展，就很像今天具备汇款资格的机构，用以确保资金流入贸易区的安全性。

红木贸易

有了这样的环境，理所当然地促进了英国殖民拓展与海上贸易经营。到了 18 世纪，英国和北美大西洋的港口城市就变得更加繁荣起来。

棕榈油贸易满足了世界各国对食用油的需求，而实木的流行也是历史悠久。来自英国小岛和欧洲的橡木、胡桃木大受人们欢迎。家具业和造船业，以及其他工业都对其有很大的需求。在这种情况下，南美、非洲、南亚等地区的木材贸易就繁荣起来了。到了 18 世纪中期，因许多可产木材的地区遭受到生态破坏，英国采取向西扩张的策略，将原材料产地指向了中美洲大陆、洪都拉斯海湾。

红木贸易的繁荣，是因为其良好的质感、华贵的颜色、独特的纹理，再经过那些技艺精湛的工匠师们精心雕刻、打磨，这样的商品自然广受欢迎，也成为英国海上贸易深入到遥远的新大陆亚热带雨林的动机，所以，无论是棕榈油贸易还是红木贸易，都绕不开奴隶贸易，那些从事选材、砍伐、运输的劳动力里，尤其以加勒比奴隶为主。

英属洪都拉斯殖民地的居民生活状态或许只有两种：要么拥有土地，种植；要么去寻找木材，砍伐。专门从事砍伐的奴隶们穿梭在热带雨林里，他们将木材运送到海边，交给代理商，然后经由代理商销往英格兰。

那么，他们各自的利润是如何产生和计算的呢？简单来说：

其一，船主的大部分利润靠返程航行，这是因为木材销售出去后才有价值体现，但这里面有一个关键的问题，如何确保代理商们能支付运费呢？这就是上面提及的信誉问题。

另外，船主会通过争夺货物出口合同来增加一些收入，比如将董事会的存货运输到驻扎在伯利兹的卫戍部队。但这样的收入也不算多，很多经销商都希望能免费搭载一些货物。若想获得利润，只有做一些走私的勾当。船主会根据商品价格和季节性气候的波动来确定航程时间，一般来说，洪都拉斯到伦敦的贸易中，船主会在英国西印度岛屿——大多数时候是牙买加停靠，在这里可以寻找到前往伯利兹的运输配套业务。

其二，代理商将木材卖出去后，就会发出信用证，以便减去运费、关税及相关费用。如果代理商想要在装货时让船停留在港口的时间加长，这时候船主的利润就会增加了。因为，他们需要向船主支付滞期费。当然，这些费用会在航程结束时结算，全部由他们支付。根据规定，代理商可以申请每100吨木材延迟30天，他们会尽量在滞期费产生前完成装货，具备这种资格的大多为信誉度极高的代理商。

现在，我们来理清一下红木贸易中多方的关系。

首先是木材原料方，即木材所有者；然后是代理商；最后是船主和船长。木材所有者完全依赖于代理商，因为代理商能将木材销售出去；代理商则依靠船主，因为船主拥有货船；而船主要想获得利润，还得依靠船长的航行能力，为了让船长对航运事业有热情，给他们提高工资待遇是最有效的办法。

将红木装载到船上需要专门的设备和技术，这里作简单叙述。除了港口本身拥有设备外，还需要船只带上两对双螺杆，长短各一对，两对单螺杆，长短各一对，两对吊索，小的 18 英尺，大的 22 英尺，另外还需要一套起重滑车，单、双、三轮各一个。

红木被砍伐后，会经过初步的切割，工作人员会在每根原木上用英文字母代码进行标注，其内容就是原木的所有者。当原木进行第二次切割，一般是正方形，这时代码会再次插入，并加入可以识别出所加数字的序列号。也就是说，代码的作用是为了跟踪原木从河边到河口的进程，它们都被放在木筏中。船舶载货单上也会逐项列出代码，包括每项的题记。

因此，船上的每一根原木在载货单上都有记录，并且还会备注上原木拥有者的信息。每艘船只使用一艘搭配好的驳船[1]。在伯利兹港，每天大约有 10 艘驳船，由于红木贸易繁荣，往往不够用。

在装载好红木后，船航行到伦敦。这时候，会有专门的劳工进行卸载。一般在西印度码头停泊 30 天，卸载完毕后，会与货单进行比较。如果有不符合的地方，就会被扣押，交付了赔偿金才能入仓。

作为补充，这里要对红木贸易运输过程中的困难进行简单叙述。比如在洪都拉斯的贸易中，因航道的拥挤而造成船舶起航或返航时相互碰撞的事故，经常发生。又如，遇到雨季，船只在洪都拉斯湾沉没，或者中途红木被暴雨冲到海里。另外，还有海盗的袭击、夺掠以及瘟疫的横行。

由上所述，我们可以看到当时英国的红木贸易，具备了就算到现在也不过时的经验。不仅分工明确，彼此相互依存、协作、信誉、保险，还在装货、卸货、入仓等多方面都有着较为完善的体系。我们也可以据此推断英国在其他贸易内容中的操作也是有其独特的一套的。

1　运河、河流上运载货物的平底船，由于没有动力推进装置，就靠机动船带动。

罐头的诞生

海上贸易在一定时期得不到更好的发展，有一个不容忽视的因素就是海上航行时被淡水、食物、瘟疫、疾病等问题深深困扰。不管是殖民的开拓，还是贸易交流的进行，一旦人的生命在航海中得不到尽可能多的保障，所有的事都可能化为乌有。

于是，新的食品技术的产生，让英国受益匪浅。就算在世界最荒凉的地区——北极，当时的英国也有能力去触碰，甚至"掌控"。

为了形象地说明这一点，我们来看一个叫约翰·罗斯的船长写下的一段话：我们发现一切都完好如初。罐头堆成两堆，虽然四年中历经各种天气，但是罐头却一点都没有损坏，密封的罐头接合处也阻止了熊闻到食物的味道。要知道熊知道里面装的是什么，给我们留下的食物也许就所剩无几了……感谢唐金先生的专利。

这里面所提到的罐头、专利值得我们去探究。

我们可以想象到当时约翰·罗斯对罐头是多么的喜欢和感激。有一种说法是，罐头的使用成为航海经济的标志之一。英国对北极的兴趣，我们可以从一次科考、探险说起。因有罐头，那个时代的英国人不仅能进行北冰洋的探险，也让他们相信对这一区域的扩张是正当的、必然的。"野心"这个词汇，在英帝国的历史里，似乎永不过时。

19 世纪初，英国的探险者出现在北极，并使用了罐头，这成为英国海军部发现西北通道的最大动力。具体来说是这样的：英国人发现在连接太平洋和大西洋的美洲大陆顶部，存在一条可航行的通道。若这条通道顺利通行，就能连通那一区域的海洋和陆地。

在这种情况下，约翰·罗斯在 1818 年以"亚历山大"号和"伊莎贝拉"号进行了第一次航行探险；1819 年，约翰·富兰克林则横穿大陆航行到了加拿大的北部海岸；1819 年，威廉·爱德华·帕里又对该区域进行第二次航行，当时，"格里珀"号和"赫克拉"号穿过西经 110°，这一发现让英国政府兴奋不已，给予了高达 5000 英镑的奖金。随后，英国人发明了一种航海方法，即将已经航行到北极的船只冰封起来，在来年春天继续前进。

像约翰·罗斯、威廉·爱德华·帕里在之后都进行了后续航行。在"亚历山大"号和"伊莎贝拉"号的第一次航行中，船上的食物有了很大的改进，他们一共装载了 9000 磅的罐头。

罐头和罐头里面的加工肉类的结合是当时的一大进步。最初是一个叫尼古拉·阿佩尔的法国人发明的，这是属于一种新的食品保鲜法。他将食品装进一个不透水的容器里，一般是玻璃瓶，瓶口用松散的软木塞塞住。简单来说，就是将装有罐头肉类的瓶子放在水中进行加热，等空气流出后，快速用软木塞塞住瓶口，使其保持最大限度的密封。

这一发明，还让尼古拉·阿佩尔获得了法国政府的 12000 法郎的奖金，他本人也写了一本名叫《各种肉类和蔬菜的常年保存方法》的书。1811 年，这本书被翻译成英文，传到英国，然后一个叫布莱恩·唐金的英国工程师购买了其专利。随后，布莱恩·唐金携手霍尔公司将这一专利技术与锡罐（抛弃了之前的玻璃瓶，改为金属锡）相结合，进行商业运作，并开发出新产品，比如肉类、蔬菜、汤罐头，大获成功，被作为奢侈品进行销售。1812 年，布莱恩·唐金就这项融合技术进行了专利申请。

1818 年，英国海军部也开始使用罐头，作为远征军的食物。军部的使用在后来来看，大出意外，居然可以加大抵抗坏血病产生的概率。因为北极是一个非常可怕的地区，远征军不能只靠狩猎等方法获取新鲜的食物，而以往的腌制肉降低了远征军抵抗坏血病的能力。

　　布莱恩·唐金的罐头食品最大的特点就是少了很多盐分，能减少坏血病的发生。到了 20 世纪 80 年代，根据相关研究，还发现布莱恩·唐金的罐头食品还含有维生素 C。虽然布莱恩·唐金当时并不知道公司生产的罐头具备这样的东西，要知道维生素的多少关键在于原始食材的新鲜度。

　　正是因为这样的技术运用，使得英国人的一次次探险多了可能性，特别是长期远航、探索，罐头的大量使用体现了空间和物质的有效融合，当英国人在航行中，至少不会因为缺少食物而被活活饿死。

多区域下的禽兽贸易

开辟印度市场

从奴隶贸易过渡到棕榈油贸易，再到红木贸易，可以说英国的海上贸易做得有声有色。在开普敦到西伯利亚的贸易区域里，有一项贸易值得一述，即禽兽贸易。

禽兽贸易主要以马科动物为主，这种贸易在18世纪后期到1914年都是很重要的。我们首先会想到它的战略、运输意义。其经济用途也在工业革命后变得形式多样，特别是在城市的交通、农村的支干铁路线、农业、林业、休闲等方面都有着很大的影响。直到蒸汽机的发明和使用，其影响才逐渐缩小。

禽兽贸易在好望角到西伯利亚盛行。以马为例，在第一次世界大战前，大约有三千万匹马科动物分布在印度洋和西太平洋地区。

马的生活繁殖地区的特点是相对干燥和温和，因为这样的气候和地理条件适合生育和健康，而较为平坦、人口稀少、钙质丰富的土壤环境，又能让马形成良好的肌肉和骨骼。简单来说，像南非、埃塞俄比亚高原、波斯湾北端、印度西北部、云南高原、东南亚群岛的外缘、澳大利亚、新西兰、日本、中国的东北等都很适合马的育种。

18 世纪，波斯湾和东南亚沿海区域，是马科动物的出口集中地，印度为主要市场。同时，印度 1857 年到 1858 年的兵变，也造成印度马匹需求的激增。据说，大约有 10000 匹马从南非和澳大利亚运送至此。后来，英国人发现如果占领了毛里求斯，就能拥有更加广阔的马科动物市场，因为通过轮船运输会更加便捷。

但到了 18 世纪末，英国开始为印度区域的市场感到烦恼，主要原因在于：

第一，由于马科动物资源枯竭，加上俄国和中国的发展，阻断了便捷的海上航线；

第二，西北边境的军事对峙导致阿富汗以伊斯兰教的教义为由，隔三岔五地拒绝将马匹配送给异教徒；

第三，印度西北部的养殖量也不容乐观。虽然中国的东北有马和骡子，但不符合标准，它们大都体型小，只能用于行李搬运或者部分骑马的步兵。

为了解决这些问题，英国人想出了一个办法，从波斯湾进口马匹，就这样随着优良的阿拉伯马的出现，禽兽贸易有了更大的利益驱动。因为，阿拉伯马是在沙漠气候中成长的，在与人类紧密相处的过程中，它们变得性情温顺、聪颖，而警觉性也相当高，特别适合于作战袭击。以 1810 年到 1913 年波斯湾出口到印度的马匹数量为例，大约有 12428 匹马进入到印度市场，它们被广泛运用于骑兵的建设。而阿拉伯人在海湾港口也控制了大部分马匹贸易。

阿拉伯人能控制海湾港口的马匹贸易，其货源从哪里来呢？主要来自于科威特、巴林、巴士拉以及南波斯。他们差不多为阿拉伯人的马匹贸易提供了一个多世纪的货源。

这些货源中有较大一部分进入到印度市场。特别是在 1781 年后，进入到印度市场的马匹数量保持很高的峰值。这主要得益于东印度公司在组建属于自己的骑兵力量。东印度公司常以保护贸易为由，组建武装部队。

而骑兵武装能在许多山地和平原发挥作用，特别是在东方"战场"，士兵们也热衷于挑选优良马匹。比如 1785 年，一批数量不菲的海湾马一登陆特拉凡科[1]就被英国的骑兵一抢而空，尽管当时的价格是当地马匹的两倍之多，依然没能阻挡英国人的热情，足见外来马匹的受欢迎程度了。

这些海湾马的高度在 14 ～ 15 手的宽度（一般为 4 岁左右的成年公马），很符合士兵们的喜好。它们被装上拥有特殊装备的帆船，运送到英国骑兵们的手中。从事这类马匹贸易的商人们开始建立起采购、销售一条龙服务网络。他们通过海上贸易从印度西北部的喀奇县与东印度公司进行交易，其中有一半进入到印度孟买市场，三分之一运到加尔各答，剩下销往马德拉斯。在所有的海湾马中，最优良的部分主要集中在加尔各答。因为，在印度被殖民时期，从 1772 年直到 1911 年加尔各答一直是英属印度的首都，

1　印度的一个王国。

自然要配备最好的了。

值得一说的是，由于这种马品性优良，就连英国的敌人，比如马拉塔人、迈索尔人也想尽办法去进口这种马匹。马拉塔人和迈索尔人骁勇善战，都为反抗英国侵占而进行过一系列的斗争，特别是迈索尔人。

英国人与迈索尔人之间的战争历史上也叫作迈索尔战争，持续时间长达 32 年（1767—1799）。在七年战争[1]后，英国人将法国人在印度的势力清除，接着就是加速对印度的征服。然而，令英国人没有想到的是，作为印度王国里的小邦——迈索尔王国竟然成为东印度公司在南印度扩张的主要障碍。

迈索尔的国王海德尔·阿里是一个厉害角色，他励精图治，仿效欧洲军事建制，并高酬聘请欧籍教官训练军队，建立起一支以步兵为主，骑兵、炮兵为辅的合成军，兵力约为 55000 人。为了完善军队各配置，他还成立野战医院，组建侦察队。在 1761 年到 1767 年间，海德尔·阿里实行不断向外扩张策略，同时停止向马拉特王公联盟缴纳贡赋，这些做法自然引起其他联邦的仇视，偏偏英国人早已对印度虎视眈眈，于是从中作梗，挑起了战争。因此，海德尔·阿里及子民把英国人视为敌人。

32 年的战争这里不作细述，迈索尔人失败的原因之一就是缺乏装备精良的骑兵，所以迈索尔人想尽办法要获取优良的海湾马。

其实一开始迈索尔人不是没有考虑到马匹在军队中的重要性，只因受到马匹来源的限制，不得已以骑兵为辅。在海德尔·阿里征服了印度西海岸以后，就打通了迈索尔去阿拉伯海的贸易通道。他利用这个通道发展贸

1　这场战争由欧洲列强之间的对抗所驱动，主要发生在 1756-1763 年，英国与法兰西和西班牙在贸易与殖民地上相互竞争。

易经济，做着香料买卖，但进入到印度市场的马匹贸易大都被英国人控制了。

后来，法国借着国内大革命的高潮，在印度又恢复了势力。此时的海德尔·阿里正苦恼于战争中的失利，决定向法国人求助。双方都有着共同的敌人，以及各自的如意算盘，法国人欣然同意。

于是，法国派出优秀的军官为海德尔·阿里短时间训练出了一支15000人的军队，对马匹的需求也相应增加。

由上所述，我们可以看出一个问题，就是马匹贸易在印度市场受欢迎，战争因素起到了较大的作用，而印度在制海权羸弱的尴尬下，自然贸易通道受到限制。英国人敏锐地看到这一点，构建了属于他们的贸易网络。

考虑到印度这个大市场，英国人加强了海湾贸易的战略部署。东印度公司在其中扮演了重要的贸易、战争的角色，他们与阿拉伯商人建立良好的合作关系。阿拉伯商人在很多海湾港口控制着大部分的贸易，那些实力雄厚的出口商都与马匹的产地部落有着密切联系。因为，阿拉伯人能帮他们建造高质量的帆船，并为他们的马匹找到广阔的销路。因此，阿拉伯商人也是当时世界闻名的马匹经销商。

拓展市场

考虑到马匹贸易所带来的高昂利润，英国人也在积极拓展能获得优良马匹的其他贸易途径。

由于南非的马种在 1812 年的加尔各答赛马跑道上表现不俗，加之索托人是南部非洲受欢迎的饲养者，所以开普敦的行政长官们也希望英国东印度公司能积极开展与之的马匹贸易。

开普敦马之所以受欢迎，是因为它能很好地适应热带环境，属于轻骑兵用马，它的负重很高，不算骑兵的自身重量，还可以背负 6 磅重的枪支。当这样的马运往印度的孟买、马德拉斯、加尔各答、锡兰等地，在那里广受欢迎。

1869 年苏伊士运河开通后，海上运输使得成本降低，大量的马匹进入到贸易体系中。而 1899 年到 1902 年的南非战争又刺激了开普敦马的贸易。英国在这场战争中共部署了 494000 匹马，这里面有 334000 匹是进口的。另外，还进口了 67000 头骡子。简言之，这场战争所花费的费用中，差不多有 10% 用于购买马科动物了。

在南非矿产革命后，开普敦马在印度市场失去了竞争力。主要是由于瘟疫的流行，如采采蝇病毒传播，这种病毒对牲畜是致命的，它们属于动物血液里的寄生虫或锥体虫；而蠓虫、蚋在斑马身上的传播，造成非洲马瘟泛滥，大量的马科动物死去。

为了解决瘟疫所造成的危害,将马科动物运输到马达加斯加、非洲之角、尼罗河流域是不错的选择，因为那里没有采采蝇。于是，澳大利亚成为印度马匹的主要供应商，并且扩展到埃及、日本。以 1861 年到 1920 年为例，从澳洲出口到印度市场的马匹就高达 31461 匹。在印度，这些马匹，如威尔士马用于运送大炮、赛马、双驾马车、马球……

负责托运的主要是苏格兰人，加之从 1881 年开始，轮船的使用让海运的速度、效率大大提升，很多富于冒险的英国商人因此而大发横财。如阿奇博尔德·柯里，他在 1882 年大胆尝试以蒸汽为动力的轮船进行马匹贸易，英国的造船公司为他定制了一艘平均每小时能航行 12 海里的大型轮船。

这事在当时引起轰动，印度的蒸汽航海公司受到启发，配备了重 7000
吨的蒸汽轮船，专门用来从事马匹贸易，主要航线是从西向东环绕澳大利
亚而展开的。比如在 1861 年到 1920 年近 60 年的时间里，其贸易数量是惊
人的，下面是相关数据图示：

时间	维多利亚	新南威尔士	南澳	西澳	昆士兰	合计
1861—1870 年	729 匹	108 匹	不详	213 匹	5 匹	1055 匹
1871—1880 年	2418 匹	23 匹	25 匹	142 匹	7 匹	2615 匹
1881—1890 年	3366 匹	292 匹	82 匹	100 匹	27 匹	3867 匹
1891—1900 年	3034 匹	1145 匹	131 匹	不详	762 匹	5072 匹
1901—1910 年	2570 匹	1279 匹	347 匹	不详	3419 匹	7615 匹
1911—1920 年	2120 匹	1974 匹	1249 匹	不详	5894 匹	11237 匹
总计	31461 匹					

这当然是得益于蒸汽轮船的使用。它很大程度上减少了海上贸易过程
中的延误和危险，特别是像运输马匹这样的"特殊货物"。在南澳大利亚、
新南威尔士州、昆士兰州的港口呈现出一片繁荣的景象。

随着贸易的发展，这些区域的贸易中，逐渐涌现出新的代表，像昆士
兰州，它位于澳大利亚大陆的东北部，东濒太平洋，西与北部地方及南澳
大利亚州相接，南邻新南威尔士州，北濒卡奔塔利亚湾，气候温暖、阳光
明媚，有"阳光之州"的美誉，特别适合畜牧业发展。这里的马匹、美利
奴羊都是广受欢迎的。在马德里和锡兰的军用购买者很欢迎来自昆士兰州
的马匹。

掌控这一贸易的苏格兰人以阿奇博尔德·柯里为代表。他以墨尔本为基地，花费几十年的时间打造了一支贸易船队，主要进行马匹贸易，并在20世纪中叶成为印度马匹贸易中的佼佼者。

禽兽贸易的没落

除了马匹贸易，英国人还将目光投向马斯克林群岛，那里有繁荣的种植园市场。在印度洋西南部的种植园岛是最大的马科动物购买基地。在这里有大量的甘蔗种植地，种植园里普遍采用马为动力去拖动机器，应该说在蒸汽机进入这一区域以前，对马匹的需求量很大。

毛里求斯有马匹得感谢荷兰人，他们于1666年就将马匹带到了这里。随后，法国人在18世纪将毛驴带到了这里。至于牛，则可以从马达加斯加岛购得。因此，这个地方的禽兽贸易也在较长时间里得到较为繁荣的发展。不过因瘟疫横行，南美洲的骡子也成为毛里求斯的主要贸易对象。

根据英国在19世纪30年代到40年代的贸易报告，仅骡子每年就有500头进入到毛里求斯，来自毛里求斯和留尼汪岛的贸易船只停靠在红海的马萨瓦港，这里每天都可以看到许多船只来来往往。

遗憾的是，这里炎热的气候使得禽兽贸易在运输过程中疾病横行，到了19世纪70年代初，其贸易繁荣期就逐渐消亡了。再往后，就是南美洲成为毛里求斯骡子的主要供应地。我们来看一组从1833年到1913年毛里求斯进口马科动物的数据（部分年份缺失）：

时间	骡子	驴	马	合计
1833—1839 年	1040 匹	不详	423 匹	1463 匹
1841—1850 年	1553 匹	不详	403 匹	1956 匹
1861—1870 年	1092 匹	30 匹	416 匹	1538 匹
1871—1880 年	2079 匹	79 匹	650 匹	2808 匹
1881—1890 年	966 匹	142 匹	499 匹	1607 匹
1891—1900 年	948 匹	61 匹	371 匹	1380 匹
1901—1910 年	477 匹	82 匹	741 匹	1300 匹
1911—1913 年	102 匹	0 匹	286 匹	388 匹
总计	12440 匹			

此外，印度尼西亚的小巽他群岛因盛产廉价的小型马也为马斯克林群岛的马匹提供地。这种小型马以矮种马为主，还有就是小杜克马也随后进入到东南亚市场，从 20 世纪 20 年代开始，每年大约有 3000 匹进入到茂物[1]市场。

然而，荷兰对航运实行的保护政策使得英国无法进入小巽他群岛的马匹贸易中，即便是挤进了其市场，也因荷兰人的管控而损失惨重，算作遗憾。

至于俄罗斯区域的禽兽贸易在日俄战争期间表现突出，而同时日本为扩充新式军队，需要马匹的数量也很多。中国市场，主要集中在 1911 年到 1918 年间，每年差不多要进口 1000 匹，货源来自于菲律宾和帝汶岛，这

1　属印度尼西亚西爪哇名城。

些马匹进入到中国市场大多用于北方的军事建设，剩下的马匹转为当地销售。

禽兽贸易的终结

禽兽贸易的终结是在非洲战争，主要战场是南非。

当时新成立的国防军对马匹的需求量大约为 8000 匹，到了 1916 年 1 月的时候，对马匹和骡子的需求量突然增加到 16 万匹。然而，因镇压南非人的叛乱，加之南非军队用于夺取德国控制的西南非洲，致使马匹和骡子在战争中消亡过大，且瘟疫横行，大量的马科动物死于其中。以 1916 年 10 月的贸易量为例，进入到南非的 31000 匹马、33000 头骡子、24000 头驴，最后只幸存下 3108 头，实在是让人瞠目结舌。

禽兽贸易就在这里走到尽头。"泰坦尼克"号事件后，因内燃机得到发展，禽兽贸易几乎失去存在的舞台，除了一些赛马需求外，贸易几近消亡。

禽兽贸易为英国开拓海外殖民地立下了汗马功劳，也因历史车轮的向前发展而失去了大部分的价值。新环境、新格局、新技术的产生，让一些古老的贸易终会失去生存的空间。

对英国而言，工业革命后，贸易拓展又将如何进行呢？

海图的绘制将为我们打开一个独特的思考窗口。

新空间下的殖民贸易拓展与海图绘制

海上贸易的发展

工业革命后，蒸汽动力的广泛使用，使得海上贸易得到了更大的发展。而这对英国的殖民拓展也是有积极作用的。比如英国人将亚丁、英属印度、红海纳入到殖民版图，特别是亚丁，因苏伊士运河的开通，这里的贸易得到很大发展，也成为一道保护印度航线的战略性屏障，以及环绕阿拉伯半岛西南部领土的保护中心。

可见，英国构建了新空间下殖民拓展与保护下的海上贸易网。越来越多的船舶公司加入到海上贸易行列，他们或运输商品，或运输军队，或运输武器⋯⋯

我们得到的信息理所当然地应转向技术革新而引发的殖民拓展形式，

它不再是当年的简单冒险了，而金融资本的有效分配也使得英国的殖民拓展显得势不可挡。

各种勘测技术的运用、海图的绘制也对英国的殖民拓展起到了重要的作用。限于篇幅，这里以绘制海图为例，展开相应描述。

英国能成为世界霸主，与其战略眼光与国民意识等是分不开的。水文学的运用让英帝国在世界竞争中具有先导性。19 世纪中期，东南亚群岛正处于大规模的变化中，这种变化以相当开放的海上贸易为主要特征：

一、1824 年 3 月 17 日，《英荷条约》将马六甲海峡划分为南北两部分。英国控制这一划分线以北的陆地和海洋。荷兰则从爪哇岛向外扩张到这一海岛区的最南端。当然，这样的划分也是存在分歧的。比如双方以马来半岛上的荷属马六甲来交换印尼苏门答腊的英属明古鲁。不管怎样，两国在当时管理这些殖民范围的能力都是不够的，直到几十年后能力才有所加强。

二、1871 年《新英荷条约》签订后，双方之前约定的名义上的东西（具体见《英荷条约内容》）变得具体起来，使得巴达维亚对苏门答腊其他地区的扩张更自由了，荷兰的这一策略是想换取英国在这一海峡分界线以南绝对的贸易特权。

实际上，英国在 1824 年到 1874 年的注意力是放在与中国的贸易上的，并于 1841 年 1 月占领了香港。这样一来，荷兰有相对充足的时间和空间在马来西亚和印度尼西亚海域上入侵和扩张。1873 年，荷兰袭击了东印度群岛上的亚齐省，这是该区域最后的一个信奉伊斯兰教的领地。1874 年，《邦咯条约》[1] 的签订，使得英国有机会插手马来半岛的事务，而霹雳王国也成为英国的殖民地。

1　条约双方为英国海峡殖民地政府与马来半岛的霹雳王国。

应该说《邦咯条约》恢复了海峡殖民地与霹雳的商业关系，使得贸易经济得以更好地发展。因为，霹雳是马来半岛重要的锡产区。早在 19 世纪 20 年代时，英国就对它感兴趣了，而这时期的暹罗也想吞并它。

大约在 1826 年，暹罗直接派军入侵霹雳，这时候英国发现了可乘之机，表面施行不干预政策，实际上从中作梗。海峡殖民地总督[1]出面指责其违反了《柏尼条约》，然后，海峡殖民地出兵将暹罗兵赶走，并和霹雳苏丹签订盟约，规定霹雳受英国保护，同时不得向暹罗进贡金花或者其他的贡品。

然而，矛盾并没有因此而得到彻底解决，霹雳掌权者在苏丹阿里去世后，并没有让拉惹阿都拉为王，反而让拉惹伊斯迈登上宝座。另外，第三股势力，即长期被排挤的拉惹尤索夫，在这节骨眼上也宣称自己有继承王位的权利。于是，王位继承大战愈演愈烈。再加之拉律战争（1861—1874）也打得不可开交，这是马来华人帮会之间[2]因争夺矿产地盘而引发的争斗，他们在拉律地区掀起血雨腥风，随着事态的扩大，马来诸王公也参与其中[3]。

这场争斗直接影响了海峡殖民地的贸易活动。1873 年，海峡殖民地的新任总督克拉克上任后，在海峡殖民地立法议员和英国商人共同施压的情况下，英国出面解决了上述纷争。英国最终也因此而得利，殖民拓展继续前进，到 1896 年，英国已经控制了马来半岛。

然而，英国和荷兰殖民地区域的分界线问题随着时间的推移再次发生。比如在马六甲海峡，詹卑省的人民就可以通过穿越这条海上界限，从新加坡获得大量的食物和武器来支持苏丹与荷兰的争斗。

---

1 英国东印度公司将新加坡、槟城、马六甲三个辖地合并成海峡殖民地，并设总督管理。

2 分为以客家人为主的海山派和广东人、闽南人为主的义兴派。海山派以郑景贵为首，义兴派以陈亚炎为首。

3 拉惹伊斯迈支持海山派，拉惹阿都拉支持义兴派。

荷兰不乐意了，槟榔屿的荷兰领事强烈要求在巴达维亚来往的商人宣誓，绝对不携带或参与禁运品的买卖。然而，这一举措——荷兰人想跨越马六甲海峡的分界线企图，很快就遭受到英国人的反对。因为，这会影响英国商人在海峡地区的贸易。

于是，就产生了特殊的贸易地带，多国商人都可以钻这样的空子，在那里展开贸易。要知道，税收是殖民地的主要经济来源之一，没有税收，就无法维持军队所需的资金。而且，这区域贸易混乱，为逃避债务，许多奸诈商人进行跨境活动，他们闯过荷兰边境就消失了，各种走私活动猖獗，面对这一切，荷兰人手足无措。

简言之，明确地划分边界或者找到一种更好的办法是英国或者荷兰得面对的。毕竟，税收问题就连英国也深受其害。

殖民地海图的绘制

随着殖民国家海上运输装备的提升和扩充，海上贸易变得更加便捷和繁荣了。是时候制定出相关的海上贸易规则了。应该说，英国和荷兰是通过探索，而后绘制沿海边境图的形式来展开的。

关于海图的绘制，其实最厉害的当属葡萄牙人。他们在 15 世纪的时候就创办了专门的航海学校，并培养专门的绘制海图的人才，葡萄牙靠着他们掌握的海图，进行殖民扩张，占领了许多地区，比如非洲西海岸地区。在当时，如果没有海图，其他国家是很难找到这些地区的。到了 17 世纪，荷兰人后来居上。

荷兰人为什么能在这一领域后来居上，主要得益于葡萄牙海图的泄露以及印刷术产生后，他们对知识的"共享精神"。葡萄牙人将已获得的海图大量印刷出来，同时，还发明了新的海图绘制方法，即把球面变为平面，以方便察看。随后，绘制海图成为一门高薪的职业，很多人参与其中。

英国崛起后，也深知海图的重要性。它的目标是建立全球贸易市场，而非单打独斗——即便通过武力能打败荷兰等国，如果不掌握先进的海洋知识，也是不行的。于是，英国海军专门设立了水文部，研究、印刷了很多海图，并卖给许多国家。它深知只有更多国家参与进来，贸易才能繁荣、活跃。

在巴达维亚，很长时期里人们对海上状况及贸易细节都是知之甚少的。到了1890年后期，荷属东印度群岛最北端的岛屿引起了人们的注意。于是，出航后就有人开始标记各岛屿的地理情况了，记录下新的海湾、小溪……

他们采用英寻表示水的深度数据，标注好可饮用的水源，删掉不存在的岛屿（之前为了殖民需要，荷兰人提供的海图上有故意标出不存在的岛屿）、纠正标错了的岛屿、注明地区民族情况、编辑当地沿海地志和民族志，当各地方的测绘数据汇聚了，再交由英国海军下属的水文部，最后形成更为标准、信息丰富的"海图"。

后来，荷兰人在亚齐省展开水文研究，荷兰舰队的水兵从对海岸的三角开始测量，另一行人沿着亚齐省的河流测量，无奈驻扎在巴达维亚的军队未能坚守住，该测量受阻。但这一信息也告诉我们，绘制海图对东南亚有着重要的作用。

随着勘测设备和技术的发展，1899年7月，马来西亚槟城在进行沿海勘探；1901年，马六甲的勘探也在进行，英国人和荷兰人的作为，使其殖民地得到了更大的拓展，对所辖地区的管控能力也相应得到了提升。

到了 20 世纪初，对东南亚的沿海绘图更加详尽，虽然英国和荷兰之间的殖民界限划分一直就存在争议，但越来越精确的水文数据与海图显得更重要了，而越来越多的区域被发现和标注。

　　英国在 19 世纪的巅峰时期，曾拥有或掌控世界四分之一的土地。海权意识的深入，使得帝国的政治、经济、科技等多方面都获得了长足的发展。

　　今天，我们看到集装箱船、巨型游轮的使用，海上贸易已经离开了那些浅而窄的港口城市，转向远方更深的海域，若没有之前多世纪的铺垫，不会有今天的可喜现象：海运更多地集中于金融服务。

第六章

经济非洲：葡萄牙帝国殖民拓展与港口运营

葡萄牙人进入非洲，不只是为了建立起与非洲区域的贸易，还要统治这一区域。比如他们要求斯瓦西里的掌权者纳贡，只允许非洲人与葡萄牙人做专营贸易，不能参加葡萄牙人的垄断贸易。这里的垄断贸易，就是黄金、象牙。

奇怪的"非洲"模式

非洲与印度的贸易

非洲的经济与印度经济存在着紧密联系。

印度是当时世界上最大的棉布生产国，其产品以花式、颜色、质量闻名于世，而主要产地是古吉拉特、科罗曼德。由于这两个地方很适合种植水稻，因而能从中获得大量的剩余粮，于是，就有更多的劳动力从农业生产里解放出来，去从事制造业。

棉花主要种植在古吉拉特腹地河谷的黑土地上，古吉拉特的粗布、细布大量销售到印度的其他地区，乃至海外市场。这样广阔的市场，吸引很多人参与其中，经过发展，已经形成产业链。

那么，这些布匹是如何流入市场的呢？简单来说，就是商人、代理商、捐客、生产者相互作用。这种模式有点像欧洲的"输入—产出"模式，即资本的持有者预先支付商品货款。布匹的贸易市场既在印度境内，也遍布印度洋沿海地区。

同时，印度人特别看重象牙，因为它被广泛用于装饰、雕刻，印度需要大量的象牙。印度还有比较奇怪的风俗或者说习惯，就是丈夫死了，妻子会打坏自己的镯子——这样去想，他们对象牙的需求大也不奇怪了。

非洲呢？比较突出的是姆塔帕（如今的津巴布韦），那里的人们热衷于挖掘黄金，因为那里的黄金十分充足，分布在河中、津巴布韦高原。当时，每一年从津巴布韦高原出口的黄金就高达 1 吨。由于这里的人们经济能做到自给自足，加之这里没有金属货币，黄金对他们来说"没有什么用"，他们乐于用黄金去交换其他实用的东西，像产自印度的布匹、贝珠就是他们所需的。

虽然当地也能生产布匹，但因高原气候寒冷，产量有限，所以印度的布匹、贝珠在这里广受欢迎。印度人、欧洲人对此倍感奇怪，为什么非洲人不喜欢贵重的黄金呢？

再进一步来说，诸如姆塔帕国的统治者，他们也对黄金、象牙不怎么感冒，只对土地、牛群、女人感兴趣。特别让人郁闷的是，政府对黄金生产者竟然征收重税，税率高达 50%。

于是，聪明的阿拉伯商人看到了商机，就用布匹去交换黄金、象牙。

就这样，黄金、象牙经过长途跋涉的运输到达沿海的港口，然后运向其他地区。在这些港口中，就属基尔瓦、索法拉最重要。索法拉位于东非海岸，因距离印度、中东很远，遇到季风就无法航行了。这时，就会从另一个港口基尔瓦出发，从那里进入到阿拉伯海的贸易区。

应该说，基尔瓦这样的港口城市比索法拉的链条作用要大一些，大量的商品集中在这里，等待换取来自古吉拉特等地区的商品。当然，还有一些比较出色的港口，汇集了许多未经熔铸的黄金，直接用于实物交易。

象牙和黄金从非洲运往印度，然后在印度进行重新加工，以便卖出更好的价钱。而印度的布匹大量留在东非港口，至于那些次一点的布匹、贝珠则流入内陆市场。这也可见非洲的等级制度，这些都制约了其贸易经济的发展。

在这里补充说明一点，非洲的上层人士不介入生产，掌权者们也不对农民征税，这主要是因为非洲农业生产水平低下，没有多余的粮食可供征收。即便是征收而来的贡品，也不用支付费用，而是进入国库，或者立刻被消费掉。这样看来，非洲的税收主要来自于贸易，而不是土地或其他。

原始的经济模式

非洲的黄金来自于津巴布韦高原，这些黄金要么是开采而来，要么是矿床被冲击露显。不管是属于哪一种方式，开采黄金都属于"业余作业"，即闲暇时进行的一项"事业"。

学者安东尼奥尼·巴卡洛曾说："姆塔帕国的居民不会去主动挖掘黄金，除非他们需要交换布匹或者一些生活用品。"这主要是因为他们有充足的牲畜资源。

在这种原始的经济模式中，直到冬天来临，出于御寒的需要，他们才会去挖掘黄金以换取布匹。他们未曾想过，如果可以挖掘更多的黄金，并储存起来，这样不是可以赚取更多的利益吗？这或许是他们缺乏金钱的观念，虽然曾经在基尔瓦出土过一些金币、用于计价的小铜棒，但是，学者多斯·桑托斯认为，不仅是这些，就连任何染色的小贝珠、布匹都可以视作货币。基尔瓦制造的铜币，数量并不多。以盛产丁香闻名的奔巴岛 11 世纪时才开始铸造银币，蒙巴岛更是到 16 世纪才开始铸造银币。

本拥有大量金矿的非洲为何没有得到充分的利用，主要有以下几点可供商榷：

一、掌权者的因素。他们反对积累黄金，并对其征收重税。正如学者多斯·桑托斯所说：“本地人并不为寻找和开掘黄金苦恼，因为他们对黄金没有渴望，而希望买黄金的葡萄牙人又距离他们较远。当地人饲养牛，有大量牛群。”

二、葡萄牙人阻碍了黄金的生产。这主要是因为非洲人很清楚这些“托尔瓦”[1] 十分贪心。非洲人对土地十分依赖，他们甚至认为，如果不过多地开采黄金，葡萄牙人就不会觊觎、侵占他们的土地。欧洲人将黄金、白银视为财富的象征，最直接的例子就是他们对波托西白银的趋之如鹜。我们来看葡萄牙人，16 世纪 70 年代，在东非内陆地区的葡萄牙人开始经营金矿。他们希望在街道、森林中随处发现黄金，这是多么的贪婪。

非洲的贸易为何如此困难呢？除了距离之外，那里的民众意识、生存所需都是相关因素。根据 1513 年的一份资料，虽然这片土地遍布黄金，但是没有人以如此庞大的财富去远方进行贸易，因为当地人等待着商人带给他们商品。更让人揪心的是，当非洲人有足够的黄金去换取两块布穿在身上时，他们就不再工作了。

1　即外乡人。

即便如此，商人们追求利益的本性和野心，依然会促使他们去开辟市场，或者说向非洲推销更多的商品，而并非只有布匹、贝珠。阿拉伯商人、葡萄牙商人、英国商人的进入，改变了这里的贸易状况，并且一些有远见的非洲人也主动参与到区域贸易中来。

　　如一个叫毛乌鲁萨的非洲统治者，他一开始对葡萄牙人充满了敌意，曾经袭击他们，甚至终止与他们的贸易往来。但后来他发现，这是一种错误的选择，便开始与葡萄牙人和平共处，也同意他们在内陆地区定居。果然，贸易的利润就越来越大了。

葡萄牙的如意算盘

　　上面一节说到非洲和葡萄牙的交易以及和平共处，那么，葡萄牙人是如何进入到与非洲的区域贸易的呢？比如，我们已经提及的斯瓦西里。

　　其实，葡萄牙人进入到非洲是源自于他们对印度洋的扩张。最早的时候，他们是在 1506 年注意到了这片神奇的地域。

　　我们可以从一个叫佩罗·费瑞拉·弗噶卡的葡萄牙人给国王的一封信里得到答案：岛上的人每年都愿意献给陛下一定数量的牛羊，还有整袋的玉米、鸡和椰子。他们会按照卖给其他人的价格向包括城堡内和当地苏丹宫殿内的所有葡萄牙人销售必需品，不抬高价格。陛下，我正式向他们颁发由我签字并加盖了皇室印章的凭据，他们再无法经营索拉法拉的矿产贸易，也不能做任何反抗您的事。我向他们承诺，只要服从您的管理，他们可以在所有摩尔人统治的岛屿和陆地根据自己的需要进行贸易，您不会禁止这些贸易，还会为他们提供安全保障。

这应该是关于葡萄牙人最早踏入非洲地域的记载了。葡萄牙人为了独占这片神奇的地域，他们做了如下规定：

一、在 1595 年的时候，国王担心那些基督教徒在印度到葡萄牙、马林迪海岸、莫桑比克、果阿南部的贸易会伤害到葡萄牙商人的利益，就禁止他们进入这些区域贸易，除了霍尔木兹、信德、马拉巴尔、坎贝。但这些地区也仅限于销售未限制的商品。如有违反，将受到惩治。

二、扩大对非洲掌控的范围。对此，我们可以从 1606 年一封来自加斯帕·德·博纳迪诺的信中窥见端倪：到达帕特时，我们被告知，一些来自阿拉比亚的摩尔人已经乘坐小船到沿海与来自农村的非洲人进行贸易往来。一些非洲土著人追随摩尔人的信仰，就像奴隶一样被对待。他们当中的六人已经被摩尔人买走。我和同伴有一次面见当地国王，对他允许奴隶贸易表示惊讶。后来，葡萄牙人将那六个人解救出来，让他们皈依基督教。加斯帕·德·博纳迪诺说他在里斯本见到过这六个人当中的两个。

这样看来，葡萄牙人不只是为了建立起与非洲区域的贸易，还要统治这一区域。比如他们要求斯瓦西里的掌权者纳贡，只允许非洲人与葡萄牙人做专营贸易，不能参加葡萄牙人的垄断贸易。这里垄断贸易，就环印度洋的整体贸易而言，就是香料；在非洲地区就是黄金、象牙。也就是说，只有经过葡萄牙人颁发准许凭证的贸易才是"合法"的。而获得准许凭证的条件就是一切听从葡萄牙的安排。

三、为了巩固、强化对非洲的掌控，葡萄牙人对其沿海大部分港口进行管控，并入侵这些港口城市和修建防御工事。比如在索法拉、莫桑比克建立港口，而莫桑比克在 16 世纪成为葡萄牙人在南部斯瓦西里海岸的贸易中心；为防御奥斯曼人的入侵，葡萄牙人对斯瓦西里北部海岸地区进行大

◀葡萄牙人朝见玛尼刚果。起初，葡萄牙人与刚果王国关系良好。内战使得葡萄牙乘虚而入，刚果人沦为奴隶

肆掠夺，在蒙巴萨[1]修建城堡，培养傀儡，以便统治苏丹。

通过上述手段，葡萄牙人的如意算盘就要浮出水面了。

随后，葡萄牙人制定了一系列的战略目标。

一、确定战略重镇。即找到印度洋沿海的扼口，像果阿、哥伦布、霍尔木兹、第乌、亚丁。在东非，莫桑比克的战略价值也很重要，因为它可以控制沿海地区南部的贸易，还对阿拉伯商人南下索法拉形成封锁，以便掌控这里的黄金贸易。另外，葡萄牙人将果阿的黄金运到莫桑比克，让财富流入这里的港口，而贸易船只也可以在这里做整修、补给，还可以搜集运往印度的货物。在北方，因有奥斯曼人的威胁，蒙巴萨也是葡萄牙人掌控的重镇，在这里修建了坚固的大城堡。

上述战略使得葡萄牙人成功地削弱了阿拉伯商人在印度洋的香料贸易。而这些战略重镇所涉及的港口、河流也成为葡萄牙帝国海外贸易的重要交叉点和枢纽。

1　肯尼亚城市。

二、葡萄牙人发现津巴布韦高原的黄金可以用来换取香料。香料贸易在那时候的重要性不用多说，本身就已掌控，若再加之可用黄金交换的部分，这样一来，贸易利润就更大了。因此，葡萄牙人开始对津巴布韦高原的黄金矿产进行严格掌控。

三、阻碍掌控力不强的北部港口贸易发展。比如在 16 世纪前 20 年，葡萄牙人发现更远的北部港口安戈谢[1]是贸易中心，这里的商人在莫桑比克、索法拉以低于葡萄牙人的价格从事贸易活动。于是，葡萄牙人占领了赞比西河的塞纳、太特、克里马内海岸地区。安戈谢只能尽可能地躲开葡萄牙人的追踪，导致这一地区的贸易发展不正常，继而影响到土耳其商人的贸易活动。

四、试图垄断象牙贸易。在东非有大量的象牙，不过，有一点让葡萄牙人感到尴尬的是，大象都是在很远的内陆被捕杀的，他们无法掌控。于是，葡萄牙人就采取阻碍其出口的策略，他们发现这里的人们需要的是来自古吉拉特的布匹和贝珠。也就是说，只要将古吉拉特的布匹和贝珠源源不断地运往东非，此问题就可以得到较好的解决。因此，葡萄牙人建立起了基尔瓦、索法拉、莫桑比克之间的贸易网，用来自古吉拉特的布匹、贝珠换取黄金和象牙，再用他们支付香料所需的费用，如有多余，就将这些商品输送到欧洲市场。

这算盘打得够响亮。

1　莫桑比克东北部港口。

葡萄牙人的错误

17 世纪中叶，这时的东非成为葡萄牙帝国殖民地的重要组成部分。而也在这一时期，葡萄牙人对香料贸易的掌控已经逐渐被荷兰人取代。

葡萄牙人的贸易，比如在安哥拉，只剩下出口奴隶贸易了。而在巴西发现大量的黄金也使得葡萄牙早期的优势大大减弱，能够有较大利润的只有蔗糖贸易。因此，莫桑比克被葡萄牙人视为财富之城。

1698 年，奥斯曼人入侵此地，葡萄牙人贸易受损，而且麻烦接踵而来。掌控的津巴布韦高原地区，因昌加米尔和它的罗兹韦部落的野心，葡萄牙人在这里的势力基本被清除，而其在东非南部内陆地区的势力范围也在缩小，只能在赞比西河河谷以及北部地区建立贸易站。

其实，在葡萄牙人进入东非时，当地的非洲人对他们就没有什么好感。这主要是因为葡萄牙人在这里进行可恶的奴隶贸易。比如，在 1514 年的时候，就有人向国王投诉莫桑比克和索法拉总督对当地人的压迫，从穆斯林那里抢夺奴隶。马林迪的国王也认为葡萄牙人属于不友好的人群，他们总是抢占当地人的船只、侵占商人们的货物。

又如 1635 年的时候，葡萄牙人在蒙巴萨征收重税，每一艘离开印度去往东非的船只都要缴纳巨额保证金，承诺到达蒙巴萨就可以退还，东非前往红海的贸易也是如此。

葡萄牙总督的这一决策无疑是愚蠢的，就连葡萄牙国王也表示气愤，要知道东非和红海之间的主要贸易是木材，如果木材到了穆斯林手里，就能够用来建造舰船，而舰船就是用来攻击葡萄牙的利器。

不仅是上述的决策方面的错误，在东非屡禁不止的走私，就连官员也参与其中。比如，为了牟取暴利，总督雷·德·米罗·德·桑帕尤因欠下巨额债务，在莫桑比克横征暴敛，很多商人都拒绝与他进行贸易。由此，海关税收开始锐减。

上面派官员下来检查，却私自带着布匹到莫桑比克进行交易。1548 年，索法拉的贸易代理人发现工厂里的象牙不翼而飞，原来是总督偷偷地将 40000 阿罗巴 [1] 的象牙偷偷运走了。更可气的是，16 世纪晚期，乔阿的总督还将大量的钢铁卖到东非的敌对国家。

走私贸易的盛行大大伤害了葡萄牙对非洲的掌控，官员的办事效率和对国家的忠诚都在崩塌。当地的非洲人也越来越反感、讨厌、憎恨葡萄牙人。于是，非洲人开始出现反抗的态势。

显然，葡萄牙人的错误远不止这些。

葡萄牙人对黄金的了解有限。他们偏激地认为只要是高原上的金矿就是优质的，于是，葡萄牙人一旦发现金矿，就立刻占领该地，然后随意索

1　西班牙重量计量单位，一阿罗巴合 11.5 公斤。

取黄金。然而，当满怀信心的葡萄牙人来到黄金矿区的时候，却发现事实并非如此，他们只看见当地人零零散散地在进行着淘金劳作。葡萄牙人觉得在那里的石头深处一定有黄金，于是到处挖掘，一次次落空。

非洲恶劣的生存环境也威胁着葡萄牙人。这里的疾病、气候都让他们很难适应。比如莫桑比克的卫生状况特别糟糕，大量的葡萄牙人死于疾病。虽然后来也修建了医院，效果依旧不明显。其他地区的状况也不尽如人意。

1528 年前往印度担任总督的努诺·达·昆哈，当他的舰队行至非洲东海岸的时候，竟然有 200 名葡萄牙人身患重病，只能留在桑给巴尔。在蒙萨巴的 800 名葡萄牙人仅仅是过了一个冬季的时间，就有 430 人病死了。

同时，为加强对非洲的统治，葡萄牙人采取高压、恐怖、种族歧视的政策，使得非洲人产生了反抗意识。当时就有民间歌谣在控诉："马诺快滚开！你已经让我们讨厌你，戴上你的十字架滚！"

于是，到了 16 世纪 80 年代，奥斯曼帝国的舰船进入到东非沿海时，当地的非洲人对他们表示热烈的欢迎，并暗中支持土耳其人。

总之，葡萄牙人在非洲的经营总体来说是失败的，虽然在当中也攫获了大量的财富。

他们以暴力垄断一部分贸易，又阻碍另一与之关联地区的贸易发展，强迫非洲人皈依基督教、走私、种族歧视……这些错误，使得在其殖民非洲的同时，激发了许多潜在的反抗因素。再加之欧洲的其他殖民强国进入，葡萄牙帝国在非洲的势力越来越薄弱，直到荷兰人打败了葡萄牙人。

附　录

主要参考文献

本书在创作过程中参考了许多著作，因数量较多，无法一一列举。在此，我尽可能地将能想到的参考文献罗列出来，并致以衷心的感谢！

01.（日）山田宪太郎 . 东亚香料史研究 [M]. 中央公论美术出版，1976 年 .

02.（日）竹田勇著，阿部罗洁译 . 创造世界史的海盗 [M]. 浙江大学出版社，2017 年 .

03.（美）科林·伍达德著，许恬宁译 . 海盗共和国 [M]. 社会科学文献出版社，2016 年 .

04. 骆昭东 . 朝贡贸易与仗剑经商：全球经济视角下的明清外贸政策

[M]. 社会科学文献出版社，2016 年.

05.（澳大利亚）迈克尔·皮尔森著，阎鼓润译. 港口城市和入侵者：现代社会早期斯瓦希里海岸、印度和葡萄牙 [M]. 民主与建设出版社，2015 年.

06.（美）林肯·佩恩著，陈建军、罗燚英译. 海洋与文明 [M]. 天津人民出版社，2017 年.

07. 熊显华. 海权简史：海权与大国兴衰 [M]. 台海出版社，2017 年.

08.（美）拉尔斯·布朗沃思著，豆岩、陈丽译. 维京传奇：来自海上的战狼 [M]. 中信出版社，2016 年.

09.（美）阿尔弗雷德·塞耶·马汉著，熊显华译. 大国由海权崛起 [M]. 求真出版社，2014 年.

10.（英）大卫·科林格瑞、玛格丽特·林肯、奈杰尔·里格比编，张雯、黄斐、徐太平译. 航海帝国：19 世纪英帝国的海上贸易 [M]. 上海译文出版社，2016 年.

11.（美）D·H·菲格雷多、（美）弗兰克·阿尔戈特·弗莱雷著，王卫东译. 加勒比海地区史 [M]. 东方出版中心，2016 年.

12.（美）林恩·福斯特著，张森根、陈会丽译. 中美洲史 [M]. 中国大百科全书出版社，2011 年.

13.（英）理查德·戈特著，徐家玲译. 古巴史 [M]. 中国大百科全书出版社，2013 年.

14.（日）浅田实著，顾珊珊译. 东印度公司 [M]. 社会科学文献出版社，2016 年.

15.（英）艾伦·麦克法兰、（英）艾丽斯·麦克法兰著，扈喜林译. 绿色黄金：茶叶帝国 [M]. 社会科学文献出版社，2016 年.

16.（荷）马尔腾·波拉著，金海译. 黄金时代的荷兰共和国 [M]. 社会科学文献出版社，2013 年．

17.（荷）H·L·韦瑟林著，夏岩译．欧洲殖民帝国（1815—1919）[M].
中国社会科学出版社，2012 年．

18.（日）川北稔著，郑渠译．砂糖的世界史 [M]. 百花文艺出版社，
2007 年．

19.（法）艾因哈德、圣高尔修道院僧侣著，戚国淦译．查理大帝传 [M].
商务印书馆，1979 年．

20. 石琴娥主编．萨迦选集 [M]. 商务印书馆，2014 年．

21.（丹）克努特·J·V·耶斯佩森著，李明、张晓华译．丹麦史 [M].
商务印书馆，2012 年．

22.（美）班菲尔德著，施清真译．查理曼大帝 [M]. 中国工人出版社，
2010 年．

23. 王海军．《罗斯法典》研究 [M]. 北京大学出版社，2014 年．

24.（英）格温·琼斯著，刘村译．北欧海盗史 [M]. 商务印书馆，1994 年．

25. 章人英、刘海善、蒋东来．文化冲突与时代选择 [M]. 上海人民出
版社，1987 年．

26.（美）保罗·肯尼迪著，王保存、王章辉、余昌楷译．大国的兴衰：
1500—2000 年的经济变革与军事冲突 [M]. 中信出版社，2013 年．

27.（美）塞缪尔·亨廷顿著，周琪译．文明的冲突与世界秩序的重建（修
订版）[M]. 新华出版社，2010 年．

28.（美）詹姆斯·W·汤普逊著，耿淡如译．中世纪经济社会史 [M].
商务印书馆，1984 年．

29.（法）费尔南·布罗代尔著，顾良、施康强译．十五至十八世纪的
物质文明、经济和资本主义（第三卷）：世界的时间 [M]. 商务印书馆，

2017 年 .

30.（美）朱迪斯·M·本内特、（美）C·沃伦·霍利斯特著，杨宁、李韵译 . 欧洲中世纪史 [M]. 上海社会科学院出版社，2007 年 .

31.（明）陈子龙等辑 . 明经世文编 [M]. 中华书局，1962 年 .

32.（唐）房玄龄等 . 晋书 [M]. 中华书局，2015 年 .

33.（清）张廷玉等 . 明史 [M]. 中华书局，2015 年 .

34.（日）木宫泰彦著，胡锡年译 . 日中文化交流史 [M]. 商务印书馆，1980 年 .

35.（日）滨下武志著，朱荫贵、欧阳菲译 . 近代中国的国际契机 [M]. 中国社会科学出版社，1999 年 .

36.（明）郑若曾著，李致忠点校 . 筹海图编 [M]. 中华书局，2007 年 .

37. 李云泉 . 朝贡制度史论：中国古代对外关系体制研究 [M]. 新华出版社，2004 年 .

38.（明）李东阳等撰 . 大明会典 [M]. 广陵书社，2007 年 .

39. 明实录 [M]. 上海书店出版社，2015 年 .

40.（美）黄仁宇著，阿风、许文继、倪玉平、徐卫东译 . 十六世纪明代之中国财政与税收 [M]. 生活·读书·新知三联书店，2001 年 .

41. 李庆新 . 明代海外贸易制度 [M]. 社会科学文献出版社，2007 年 .

42.（葡）多默·皮烈士著，何高济译 . 东方志：从红海到中国 [M]. 中国人民大学出版社，2012 年 .

43. 张天泽著，姚楠、钱江译 . 中葡早期通商史 [M]. 中华书局（香港），1988 年 .

44. 彭信威 . 中国货币史 [M]. 上海人民出版社，2015 年 .

45. 北京图书馆古籍出版编辑组编 . 静虚斋惜阴录 [M]. 北京图书馆出

版社，1990 年 .

46. 全汉昇 . 中国近代经济史论丛 [M]. 中华书局，2011 年 .

47. 陈台民 . 中菲关系与菲律宾华侨 [M]. 朝阳出版社，1985 年 .

48. 刘鉴唐、张力编著 . 中英关系系年要录 [M]. 四川省社会科学院出版社，1989 年 .

49.（英）阿兰·帕尔默著，胡志勇译 . 波罗的海史 [M]. 东方出版中心，2013 年 .

50.（英）戴维·伯明翰著，周巩固、周文清译 . 葡萄牙史 [M]. 东方出版中心，2017 年 .